"어린이의 눈으로 본, 어린이가 주인공인, 어린이를 위한 역사책!"

이제껏 어린이가 읽는 역사책은 어른들의 이야기로 가득했다. 어린이가 주인공인 역사책이 없는 게 늘 아쉬웠다. 《어린이들의 한국사》에는 그동안 꽁꽁 숨어 있던 소년·소녀의 역사가 담겨 있다.

— **김정인** 춘천교육대학교 사회과교육과 교수

그동안 보지 못한 전혀 새로운 책. 어린이의 눈으로 역사를 보고 어린이의 마음을 헤아리며, 어린이가 듣고 싶은 이야기를 어린이들의 숨결을 담아 풀어냈다. 역사 속 아이들의 모습을 통해 진짜 아이들의 삶을 그리고 있다. 어린이에 의한, 어린이를 위한, '제대로 된' 어린이 역사책이다.

— **윤종배** 서울수락중학교 수석 교사

교과서를 포함하여 아이들이 읽는 역사책은 대부분 어른의 시선으로 쓰여서 아이들의 관심을 끌지 못했다. 어린이의 시선에 맞추어 각 시대 아이들의 삶과 생각을 다루고 있는 이 책을 통해 아이들은 역사 속 또래 아이들과 어울려 놀면서 자연스럽게 역사를 자신의 삶에 빗대어 생각을 키워 나갈 것이다.

— **양정현** 부산대학교 역사교육과 교수

역사의 주인공은 백성이고 민중이라는 말을 많이 한다. 하지만 그 어떤 책도 역사의 주인이 미래를 열어 갈 우리 아이들이라고, 지금 이 세상을 온 힘으로 살아 내고 있는 어린이라고 말하지 않았다. 조금 더 올곧은 역사를 만들어 갈 아이들에게 이 책은 더없는 힘이고 선물이 될 것이다.

— **임연아** 시흥하중초등학교 교사

교과서에 실린 온갖 역사적 인물과 사건이 등장하지만, 재미있게 읽힌다. 숨은 주인공이던 역사 속 어린이들을 불러내어 요즘 어린이들의 눈높이에서 서로 만나게 하기 때문이다. 이 책을 읽는 아이들은 역사 속 친구들과 함께 과거를 여행하면서 역사 지식도 튼실하게 얻고 역사를 해석하는 힘도 길러 자연스럽게 역사의 주인공으로 자라게 될 것이다.

— **방지원** 신라대학교 역사교육과 교수

어른들만 나오는 역사 교과서를 읽으면서 느껴 온 아쉬움을 달래 주는 책이다. 옛날에 실제로 살았던 어린이들의 입장에서 이야기가 펼쳐지기에 친근하면서도 흥미롭다. 어린이 주인공들을 만나다 보면 나도 모르는 사이에 그 시대에 빠져든다.
– **이강무** 서울인창중학교 교사

이 책에 무엇보다도 감사하는 것은 아이들에게 역사의 주인공은 바로 '나'라는 것을 알게 해 준다는 점이다. 또 하나 감사할 일은 사료를 바탕으로 한 전문성과 완성도이다. 미시사와 일상사를 강조하는 세계 역사학의 흐름 속에, 이제 우리에게도 자랑할 만한 역사책이 하나 생겼다.
– **김성전** 서울수리초등학교 교사

송현이부터 전태일까지, 역사 속 실존했던 아이들의 삶을 소재로 고대, 중세, 근현대를 아우른다. 어린이, 여성, 장애인 등 사회적 약자와 소수자 들까지 고려한 배려가 돋보인다. 만약 초등 사회 교과서가 이렇게 쓰인다면 역사를 접하는 배움의 과정이 흥미롭게 펼쳐질 것이다.
– **강호민** 대구조암초등학교 교사

이 책에서 세 가지 아름다운 '디자인'을 찾았다. 첫째, 웃음을 유발하는 만화와 함께 구성된 'Design'. 둘째, 위인 위주의 서술에서 벗어나 우리 학생들의 시각으로 다가선 '디자人'. 셋째, 역사적 사고력을 바탕으로 인권 감수성과 나의 인성도 '디자仁'이 가능한 책이다. 외우는 공부에 지친 학생들과 역사 지도에 고민이 많은 선생님들께 추천한다.
– **김영호** 대전석봉초등학교 교사

선사 시대부터 현대까지, 어린이가 주인공인 역사책이라 무척 신선하다. 아이들이 우리 역사의 인물과 사건에 친근하게 접근할 수 있도록 도와준다. 사진과 삽화들은 아이들이 역사 속으로 들어가 당시의 생활을 상상해 보고, 과거와 현재를 연결하여 생각할 수 있도록 도와준다.
– **이현정** 서울선린초등학교 교사

어린이들의 한국사

어린이들의 한국사

오천 년 우리 역사 속 친구들의 이야기

역사교육연구소 지음 | 임기환·김정인 감수 | 이경석 그림

들어가는 글

역사 속 친구들의 이야기를 들으면
미래의 내가 보여요!

여러분 역사 좋아하나요? 우리 한국사 말이에요.

하하, 재미없다고요? 역사는 그저 옛날 일일 뿐, 나와는 상관없는 이야기라고요?

물론 그렇게 느낄 수도 있어요. 지금까지 나온 역사책 속 주인공은 대부분 왕이나 장군, 학자, 위인 들이었으니까요. 나랑은 많이 다른 어른들 이야기라서 멀게 느껴졌을 거예요. 그렇다면 혹시 역사책 속에서 여러분과 비슷한 어린이의 이야기를 본 적 있나요?

역사는 과거에 살았던 사람들의 이야기예요. 그러니 당연히 어린이 이야기도 있었겠지요? 하지만 역사책에서 어린이 이야기를 찾기는 참 힘들어요. 역사 이야기는 대부분 어른이 어른들 일을 기록한 것이고, 어린이의 이야기를 기록한 경우는 드물기 때문이지요.

하지만 어린이도 어른과 함께 울고 웃으며 힘껏 역사를 헤쳐 왔어요. 어린이도 역사의 주인공이란 이야기예요. 우리는 역사 속 어린이의 이야기를 들려주고 싶었어요. 여러분에게 역사 속 어린이들을 친구로 소개해 주고 싶었던 거예요.

그러기 위해 우리는 먼저 온갖 책을 뒤져 역사 속 어린이의 흔적을 찾아보았어요. 생각보다 참 힘든 일이었어요. 자료가 많이 남아 있지 않을 뿐더러, 그 자료로 무엇을 보여 주면 좋을지 판단하는 일도 쉽지 않았거든요. 어린이의 범위를 조금 넓혀 십대 청소년까지 포함시켜 자료를 모아 보니, 그제야 우리 역사의 흐름과 발맞추면서 역사 속 어린이들의 삶과 꿈을 이야기할 수 있겠다는 희망이 보였어요.

그 뒤로 초등학교, 중학교 선생님 일곱 명이 3년 동안 달마다 만나 머리를 맞대고 공부했답니다. 어떻게 하면 역사 속 어린이의 이야기를 여러분에게 생생하게 소개할 수 있을까 고민하면서 말이에요.

특히 2015년은 우리나라가 해방을 맞은 지 70년이 되는 해예요. 이 뜻 깊은 해 어린이날에 맞춰, 어린이들의 역사를 우리 어린이들에게 들려주고 싶었어요. 어렵고 힘든 일이었지만 한편으로는 기쁘고 설레는 일이었어요. 세상에 없던 새로운 역사책을 만든다는 뿌듯함이 있었기 때문이랍니다.

위인이나 영웅, 왕 들만이 역사를 만들어 가는 건 아니에요. 보통 사람들이 느끼고 행동하는 것이 어쩌면 더 중요하지요. 특히 평범한 어린이들의 이야기도 역사가 될 수 있다는 점을 알려 주고 싶었어요. 시간의 흐름 속에서 어린이들의 삶과 꿈이 어떻게 변해 왔는지 그 자체가 역사거든요. 우리가 살고 있는 현재도 나중에는 역사가 될 테고, 지금을 살고 있는 어린이들도 역사의 주인공이 될 수 있다는 점을 말해 주고 싶었어요.

전쟁처럼 크고 엄청난 사실만 중요한 것이 아니라는 점도 강조하고 싶어요. 어른들의 역사뿐 아니라 어린이들의 작고 소중한 역사를 통해서도 우리 역사에 다가갈 수 있다는 것을 깨닫게 해 주고 싶었지요.

역사를 공부하는 중요한 목적 중 하나는 '나는 누구이고 어디에서 왔는가?'를 생각해 보는 거예요. 이런 점에서도 어린이들이 어린이의 역사를 아는 것은 매우 중요하다고 생각해요.

어린이는 어른들이 시키는 대로만 행동하는 존재가 아니라, 역사 속에서 많은 문제를 스스로 해결해 나가려 노력하는, 자기 생활의 주인공이라는 사실도 분명히 보여 주고 싶었어요.

역사 속 어린이들의 이야기를 살펴보고 공부하는 것은 단지 지난날의 지식을 얻기 위해서만은 아니에요. 그들에 비춰 지금 나의 모습을 이해하고, 앞으로 어떻게 사는 것이 행복하고 보람 있을지 생각해 보기 위해서지요. 이런 점에서도 어린이가 어린이의 역사에 관심을 기울여야 하는 것은 당연한 일이에요.

여러분이 살아갈 세상의 모습이 어른인 우리가 살아온 지난날보다 더 나아지기를 간절히 바랍니다. 미래를 꿈꾸는 데 과거를 돌아보는 것보다 더 좋은 방법은 없을 거예요. 여러분이 이 책을 읽으며 자신의 미래를 진지하게 생각해 보면 좋겠어요.

  이 책을 읽다 보면 나와 내 친구, 내 동생…… 나아가 우리의 이야기를 발견할 수 있을 거예요. 전쟁 속에서도 잃지 않은 희망, 힘든 세상을 헤쳐 온 지혜, 좌절을 딛고 일어선 용기 등 역사 속에서 우리 어린이들이 얼마나 꿋꿋하고 힘차게 살아왔는지 말이에요.

  자, 이제 역사 속 친구들을 만날 시간이에요. 친구들의 이야기를 들으며 자신의 미래를 꿈꿔 보세요. 더 나은 삶, 더 보람찬 꿈을 말이에요!

2015년 4월
여러분의 미래를 응원하는 선생님들이

차례

들어가는 글 4

아주 먼 옛날, 팔찌도 만들고 고기잡이도 배우고 10

나무껍질로 끼니를 때운 삼국 시대 어린이들 24

슬픈 운명의 가야 소녀, 송현이 36

신라의 어린이, 화랑이 되다 46

조기 유학을 떠난 통일 신라의 어린이들 54

고려 팔관회 축제를 이끈 아이, 선랑 64

고려 소녀 순강이네 가족 이야기 74

열 살에 결혼한 고려의 꼬마 신부 84

나라를 다스린 조선의 어린 왕들 96

열두 살에 장원 급제를 한 조선의 천재 소년, 이이 104

장애를 딛고 큰 업적을 남긴 조선의 아이들 116

임진왜란이 바꾼 두 아이의 운명 126

조선 시대 열공의 현장, 서당에 가다 136

평등한 세상을 꿈꾸던 동학의 소년 장수들 150

새로운 학교, 새로운 공부에 눈뜬 어린이들 160

꿈과 이름마저 빼앗긴, 일제 치하의 어린이들　170

대한 독립의 희망둥이, 자동이　182

어린이, 새 나라의 주인이 되다　198

전쟁 속에서 희망을 꽃피운 아이들　208

어린 전태일, 노동에 뛰어들다　218

엄마, 아빠 어릴 적에　228

민주주의, 어린이도 나라의 주인　236

다르면서 같은 친구, 조선이　250

역사 속으로

역사를 새로운 눈으로 볼 수 있다면!　22

가야인의 편두는 정말 성형술일까?　44

전쟁에 빼앗긴 행복, 조자비의 딸　94

성균관에 귤이 내려온 날　114

함께 놀며 공부하는 승경도 놀이　148

일본군 '위안부' 할머니들의 슬픈 외침, 수요 시위　180

3·1 운동에 참여한 어린이들　196

세 번이나 달라진 학교 공부　206

나가는 글　258

찾아보기　262

참고 자료　265

아주 먼 옛날, 팔찌도 만들고 고기잡이도 배우고

경상남도 통영에 '상노대도'라는 작은 섬이 있어요. 이 섬에는 신석기 시대 사람들이 남겨 놓은 흔적이 있어요. 이곳에 살던 아이들은 산과 들로 다니면서 도토리 같은 열매를 주워 모으고, 곁눈질로 배운 낚시질로 물고기를 잡기도 했지요. 오늘도 아이들은 짝을 지어 바닷가로 나갔어요.

"와, 이 조개 봐. 정말 예쁘다!"

"우리 예쁜 조개 많이 모아서 팔찌랑 목걸이도 만들자!"

아이들은 조개를 주워 모으느라 해가 지는 줄도 몰랐어요. 이렇게 신석기 시대 아이들이 팔찌와 목걸이를 만들었던 것을 어떻게 알 수 있을까요?

신석기 시대 멋쟁이 소녀

1978년, 통영의 상노대도에서 패총이 발견되었어요. 패총은 조개무지를 뜻하는 말로, 옛사람들이 바다나 강에서 잡은 조개와 물고기를 먹고 버린 껍데기나 뼈가 쌓여 있는 곳이에요. 일종의 쓰레기장이라고 할 수 있지요. 패총에는 당시 사람들이 쓰던 물건들이 잘 보존되어 있어요. 조개껍데기 성분 때문에 동물의 뼈나 물건이 썩지 않고 남아 있거든요.

상노대도의 패총에서 약 6000년 전에 살았던 소녀의 유골도 발견되었어요. 무슨 까닭인지는 모르지만, 소녀는 열네댓 살 정도에 죽었어요. 소녀는 왼손 팔목에 조개로 만든 팔찌 세 개를 차고 있었는데, 사람들은 이 팔찌를 장신구라고 여겼지요. 소녀는 왜 장신구를 했을까요? 예뻐 보

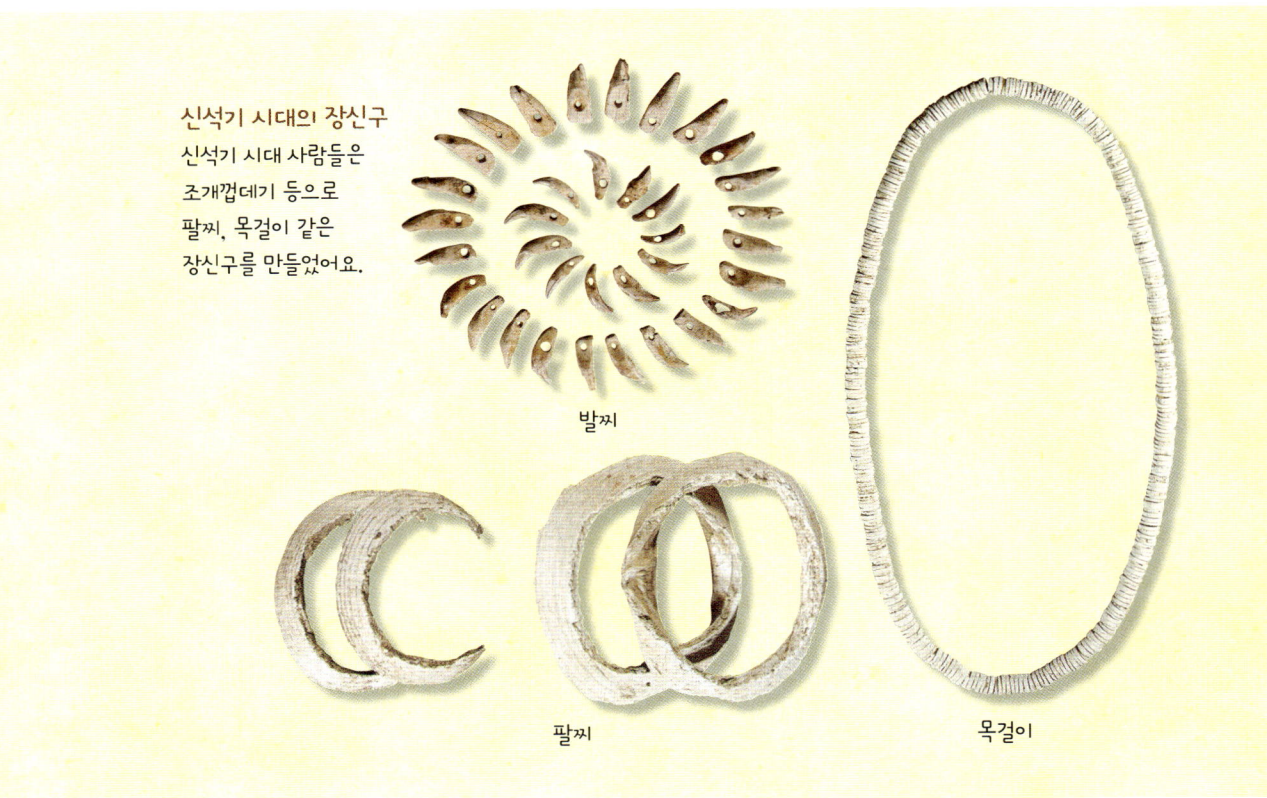

신석기 시대의 장신구
신석기 시대 사람들은 조개껍데기 등으로 팔찌, 목걸이 같은 장신구를 만들었어요.

발찌

팔찌

목걸이

이기 위해서뿐만 아니라 자신의 몸을 지키는 부적으로도 사용한 거랍니다. 장신구를 하고 있으면 나쁜 것을 쫓아낼 수 있다고 믿은 거지요.

부산 범방의 조개무지에서도 열한두 살 정도의 어린아이 무덤이 발견되었는데, 아이의 가슴 주변에 뼈칼이 놓여 있었어요. 사람들은 이 뼈칼이 장신구일 거라고 추측해요. 목걸이, 팔찌, 귀고리, 뒤꽂이 같은 장신구는 조개, 동물의 이빨이나 발톱, 상어의 척추뼈, 옥, 돌, 흙 등을 갈고 다듬어 만들었어요.

또 다른 곳에서는 돌고래, 수달, 너구리의 이빨 같은 것들 124개를 연결해서 만든 발찌가 발견되었어요. 당시 '투박 조개 팔찌'는 일본에 전해질 정도로 유명했어요. 부산 동삼동에서 발견된 조개 팔찌와 모양과 특징이 똑같은 것이 일본 대마도 등지에서도 발견되었지요.

신앙과 관련된 상징물

신석기 시대 사람들은 생활 속에서 자연의 영향을 많이 받았어요. 홍수가 나거나 폭풍우가 몰아치면 살기 힘들었지요. 물론 농사짓는 데도 날씨의 영향을 많이 받았고요. 그래서 해, 달, 산, 강, 커다란 바위, 나무 등을 신처럼 섬겼어요. 사슴이나 곰 같은 동물을 자기 부족의 상징으로 삼기도 했지요.

비가 내리게 해 달라, 바람이 불지 않게 해 달라, 농사가 잘되게 해 달라, 아이를 많이 낳게 해 달라, 사냥이 잘되게 해 달라는 등 모든 바람을 자연신에게 빌었어요.

이렇게 비는 마음을 담아 상징물을 만들었어요. 흙으로 곰이나 멧돼지

신앙과 관련된 상징물
토우와 조개껍데기 가면은 신석기 시대 사람들의 신앙과 예술 활동을 보여 주지요.

곰 모양 토우

조개껍데기 가면

모양의 인형(토우)을 만들어서 마을 제사와 축제 때 사용했지요. 큰 조개껍데기에 구멍을 뚫어 사람 얼굴 모양을 본뜬 작품을 만들기도 했고요.

토기를 만들고, 다슬기도 잡고

서울 한강 주변의 암사동 마을 사람들은 아침부터 바쁘게 움직였어요. 오늘은 움집의 지붕을 얹는 날이거든요. 마을 사람들은 며칠 전부터 땅을 움푹 파고 단단히 다졌어요. 구멍을 내서 기둥을 세우고, 서까래로 쓸 나무를 얹어 움집의 뼈대를 만들었지요. 마지막으로 갈대를 엮어 만든 지붕을 얹어 움집을 완성했어요. 이제 비나 눈이 와도 걱정 없어요. 움집 안에 화덕까지 놓았으니 추위 또한 걱정 없지요.

여자 어른들이 흙으로 그릇을 만드는 날이면 어린이들도 옆에서 함께 했어요.

"먼저 진흙으로 띠를 만들어야 한다."
"예쁘게 만들고 싶은데 잘 안 돼요."
"너무 작게 만들면 쓸모없어."

그릇을 만드는 일이 어른들에겐 쉽지만 아이들에겐 여간 어려운 일이 아니었어요. 모양이 울퉁불퉁 찌그러지기도 했지요.

"불에 구울 때 토기가 갈라지지 않게 하려면 무늬를 그려야 해."
"난 빗살무늬를 넣을 거야!"
"난 번개무늬를 넣어야지!"

토기를 불에 굽는 일도 만만찮았어요. 아무리 잘 만든 토기라 해도 불에 굽다가 깨져 버리면 쓸모없어지거든요.

여자 어른들은 커다란 빗살무늬 토기에 넣어 둔 곡식을 꺼내 갈판에 놓고 갈았어요. 수수 껍질을 벗겨 가루로 만들어 죽을 쑤었지요. 보글보글 끓고 있는 죽을 보며 아이들은 입맛을 다셨어요. 한쪽에서는 가락바퀴를 이용해 실을 뽑느라 정신이 없었어요.

내일은 남자 어른들이 강가에 나가 물고기를 잡는다고 해요. 어른들은 작살과 그물, 통발을 미리 준비해 놓았어요. 아이들은 아버지를 따라 강가에 나갈 생각에 들떠 있었어요. 오랜만에 물놀이도 하고 다슬기도 잡아 먹을 생각에 신났지요.

고래잡이가 생생하게 그려진 반구대 바위그림

"내가 작년 여름에 잡은 고래는 너희가 사는 집 두 채를 이어 놓은 것보다 컸단다. 바다에서 그 녀석을 발견했을 때 우리는 조심조심 노를 저어

반구대 바위그림(복원품)
경상북도 울주군 대곡리에서 발견된 바위그림의 일부예요. 가로 약 8미터, 세로 약 2미터의 커다란 바위에 고래, 거북, 물고기, 호랑이, 사람 등이 그려져 있어요.

다가갔지. 그러고는 젖 먹던 힘까지 주어 작살을 힘껏 던졌지!"

    경상북도 울주군 대곡리의 반구대 바위그림 앞에서 아이들이 초롱초롱 눈을 빛내며 이야기를 듣고 있었어요. 침을 꼴깍 삼키는 녀석도 있었지요. 아이들은 바위그림 앞에 모여 앉아 마을에서 사냥 잘하기로 소문난 어른이 들려주는 이야기에 푹 빠졌어요.

    바위그림에는 여러 가지가 그려 있어요. 지금은 바위그림에 물이 차 올라 있지만, 그림을 그릴 당시 바위그림 앞은 평평한 땅이었어요. 사람들은 바위그림 앞에 모여 제사를 지내기도 했지요. 어른들은 아이들에게 사냥하는 법, 고래를 잡는 법 등을 가르쳐 주었어요. 아이들은 이런 이야기를 들으며 어른이 된 자신의 모습을 상상하곤 했어요. 커다란 고래를 잡아 의기양양하게 돌아오는 모습을 말이에요.

이야기를 들은 아이들은 동물 뼈나 돌을 이용해 작살이나 낚싯바늘을 만들었어요. 남자아이들은 열심히 만든 작살을 바닷가에 가져가서 작살 던지기 놀이를 했지요. 언젠가 가장 멋진 작살 잡이가 되겠다고 다짐하면서 말이에요.

청동 도구와 농사의 발전

번쩍이는 청동 거울을 달고, 청동 방울을 흔들고 있는 족장님의 모습은 눈이 부셨어요.

"와, 족장님이 들고 있는 청동검 좀 봐!"

"빛나는 청동 거울은 어떻고!"

오늘은 충청남도 부여의 송국리 마을 사람들이 하늘에 제사를 지내는 날이에요. 마을 가운데 우뚝 서 있는 커다란 나무 밑에는 어제 잡아 온 멧돼지, 먹음직스러운 과일 등이 차려 있어요. 마을 어른들이 모두 모여 절을 하면서 농사가 잘되게 해 달라고 기원했어요. 까불대던 아이들도 이 순간만큼은 조용했어요. 제사가 끝나고 과일과 음식을 먹을 생각에 군침을 삼키기도 했지요.

청동기 시대에는 청동으로 도구를 만들고, 본격적

청동기 시대의 족장
청동기 시대의 족장을 복원한 모습이에요.
목에 청동 거울을 매달고, 손에는
청동 방울을 들고 있어요.

으로 농사를 짓기 시작했어요. 벼, 수수, 조 등을 수확했지요. 아이들이 해야 할 일도 더 많아졌어요. 청동검을 만드는 집의 아이는 청동 물을 끓이느라 불을 지펴야 했어요. 어머니와 함께 반달 돌칼로 벼 이삭을 따기도 했고, 가축이 먹을 풀을 구해 오거나 나물을 캐고, 나무 열매를 따기도 했지요. 가끔 아버지를 따라 망루에 올라 혹시 누가 오지는 않는지, 다른 부족 사람들이 오는 소리가 들리지는 않는지 살피기도 했답니다.

이렇게 아이들은 어른의 일을 돕느라 온종일 정신없이 보내다가도 때때로 친구들과 칼싸움 놀이를 하며 신나게 놀았어요. 마치 자신이 족장이라도 된 듯, 나무로 만든 칼이 날카로운 청동검이라도 되는 듯 힘차게 휘두르며 놀았지요. 해가 뉘엿뉘엿 질 때까지…….

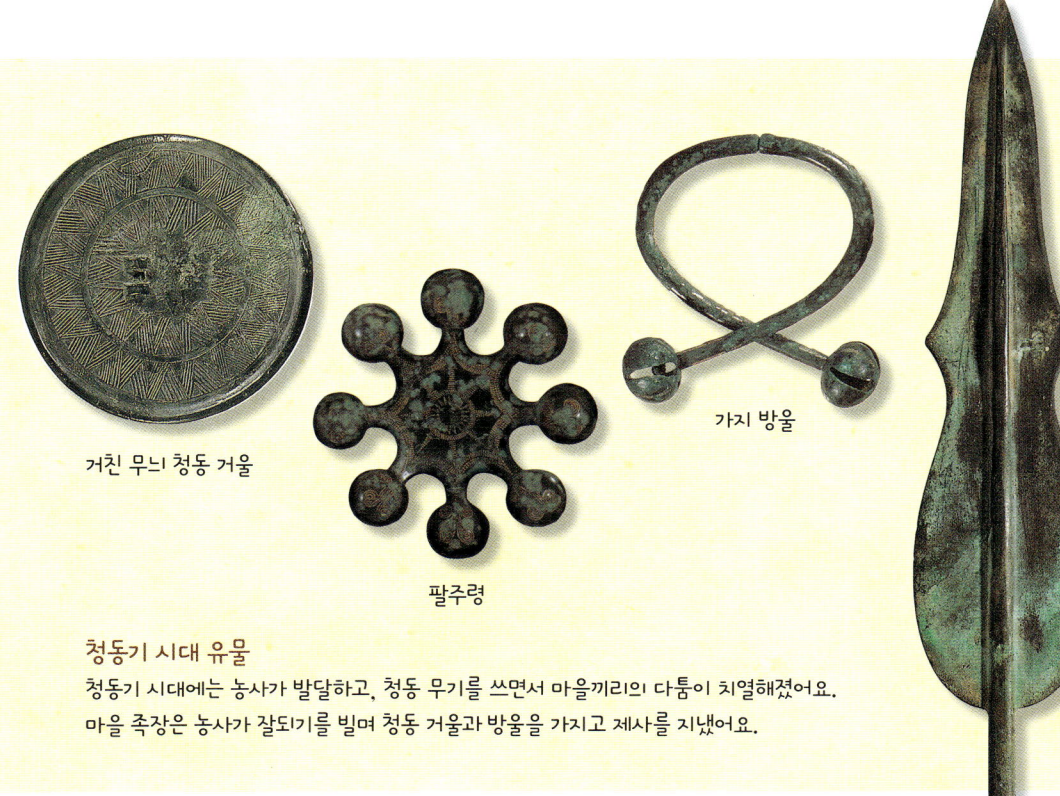

거친 무늬 청동 거울

팔주령

가지 방울

비파형 동검

청동기 시대 유물
청동기 시대에는 농사가 발달하고, 청동 무기를 쓰면서 마을끼리의 다툼이 치열해졌어요. 마을 족장은 농사가 잘되기를 빌며 청동 거울과 방울을 가지고 제사를 지냈어요.

역사를 새로운 눈으로 볼 수 있다면!

어느 날, 충북대학교에 한 통의 전화가 걸려 왔어요. 청원 두루봉 동굴에서 석회암을 캐던 김흥수 씨의 전화였어요.

"동굴에서 사람의 이 같은 것이 나왔어요!"

충북대학교 고고학 팀은 두루봉 동굴로 달려가 동굴을 조사하던 중 평평한 석회암 바위에 바른 자세로 누워 있는 아이의 뼈를 발견했어요. 여러 가지 뗀석기와 쌍코뿔이, 하이에나, 큰원숭이 등 구석기 시대에 살았던 동물의 뼈도 함께 발견되었지요. 아이의 가슴 부분에는 고운 흙과 함께 국화꽃 가루의 흔적도 남아 있었어요. 아마도 장례를 치를 때 아이의 죽음을 슬퍼하며 뿌려 주었던 것 같아요.

역사학자와 과학자들의 연구 끝에 이 뼈는 4만 년 전 구석기 시대에 살던 대여섯 살 정도의 어린아이 것으로 밝혀졌어요.

"구석기 시대 아이라니, 정말 놀랍군요! 처음 발견한 김흥수 씨의 이름을 따 '흥수 아이'라 부릅시다."

이후 모든 역사책에서 흥수 아이는 구석기 시대의 어린이로 소개되었고, 초등학교 교과서에도 실렸지요.

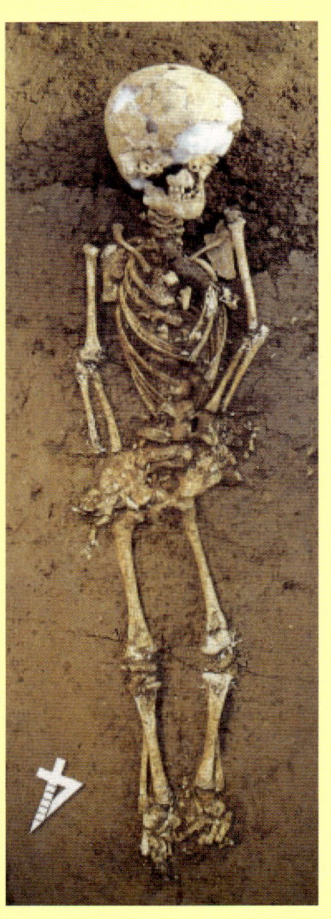

흥수 아이의 뼈
나이는 대여섯 살 정도이고, 키는 110~120센티미터예요. 안짱다리이고 충치를 앓은 흔적이 있어요.

찍개와 주먹 도끼
경기도 파주시에서 발견된 찍개와 경기도 연천군에서 발견된 주먹 도끼예요. 주먹 도끼의 모양이 더 정교하답니다.

찍개   주먹 도끼

    그런데 최근에 흥수 아이가 구석기 시대가 아닌 조선 시대의 아이일 수 있다는 연구 결과가 나왔어요. 그동안 구석기 시대 아이라고 철석같이 믿었던 흥수 아이가 조선 시대 아이일 수도 있다니 무척 당황스럽지요?
    이런 경우는 경기도 연천군 전곡리에서 발견된 주먹 도끼(아슐리안 형)에서도 찾을 수 있어요. 이곳에서 주먹 도끼가 발견되기 전까지는 동아시아에 아슐리안 형 주먹 도끼는 없다고 생각했지요. 아슐리안 형 주먹 도끼는 주로 아프리카와 유럽에 걸쳐 있고, 우리나라와 중국 등 동아시아에는 찍개 문화가 발달되었다고 구분 지었거든요. 전곡리 주먹 도끼의 발견으로 세계 고고학계의 믿음이 바뀐 거예요.
    이렇게 역사는 새로운 사실이 발견되거나, 새로운 해석이 더해짐에 따라 바뀔 수 있답니다. 그렇기 때문에 유물과 유적을 통해 역사적인 사실을 알아내려면 과학적이고 논리적인 방법으로 살펴보려는 노력이 필요해요.
    꼬마 역사가인 여러분도 궁금증을 안고 역사 학자들이 해석해 놓은 사실들을 살펴보세요. 지금까지 알려진 것과는 다른 새로운 내용을 발견할 수도 있으니 말이에요.

나무껍질로 끼니를 때운 삼국 시대 어린이들

"을불아, 밭에 가서 김매거라. 산에서 나무도 해 오고. 마당 쓰는 것도 잊지 말거라."

"을불아, 어서 와서 부채질 좀 시원하게 해 보거라."

"을불아, 개구리 소리가 시끄러워 잠을 잘 수가 없구나. 나가서 저 개구리 녀석들 좀 어떻게 해 보거라."

"을불아, 을불이 어디 있느냐!"

어린 을불은 밭일부터 잔심부름까지, 하루 종일 고되게 일했어요. 이 가여운 아이 을불은 누구일까요? 왜 어린 나이에 이런 생활을 해야 했을까요?

소금 장수 을불

을불의 아버지인 돌고는 고구려 14대 왕인 봉상왕의 동생이에요. 봉상왕은 왕으로서 됨됨이가 부족한 사람이었어요. 성격이 포악하고 사치가 심했지요. 백성을 돌보기는커녕 매일 잔치를 열고 놀고먹기만 했어요. 그러면서도 혹 누가 왕 자리를 넘볼까 봐 걱정이 이만저만이 아니었어요. 그래서 백성들에게 인기가 많았던 삼촌을 죽이고, 동생 돌고마저 죽이고 말았지요. 아버지 돌고가 죽자 을불은 봉상왕을 피해 궁에서 도망쳐 나왔어요.

갈 곳 없던 을불은 수실촌이라는 마을의 부잣집에 들어가 궂은일을 하며 끼니를 이어 갔어요. 그런데 하필이면 마음씨 고약한 주인을 만나 힘겨운 하루하루를 보내야 했지요. 개구리가 울지 못하도록 밤새 돌멩이를 던지느라 잠도 제대로 못 잘 정도였어요.

결국 을불은 더 이상 참지 못하고 부잣집에서 뛰쳐나왔고, 이후 재모라는 사람을 만나 소금 장수가 되었답니다.

"소금 사세요. 소금이요. 곱고 깨끗한 소금 사세요."

을불은 이 마을 저 마을 돌아다니며 소금을 팔았어요. 소금을 팔러 다니던 을불은 어느 날 한 할머니 집에 묵었어요. 할머니는 하룻밤 재워 줄 테니 소금을 달라고 했고, 을불은 소금 한 말을 주었어요. 그런데 욕심 많은 할머니는 소금을 더 내놓으라고 했어요. 당시 소금은 아주 귀했거든요.

"할머니, 이미 하룻밤 묵은 값의 소금을 드렸는데, 어찌 더 달라고 하십니까? 저도 소금을 팔아야 먹고살 수 있습니다."

을불이 소금을 주지 않자 화가 난 할머니는 을불을 골탕 먹이려고 자신의 신발을 을불의 짐 자루에 몰래 넣어 두었어요. 다음 날 을불이 길을 떠나려 하자 할머니는 자기 신발이 없어졌다며 난리를 쳤어요. 그러더니 다짜고짜 을불의 짐 자루를 뒤져 신발을 찾아냈지요. 도둑으로 몰려 관가에 끌려간 을불은 소금을 모두 빼앗겼고, 흠씬 두들겨 맞은 뒤에 풀려났어요.

　당시 백성들 중에는 이렇게 죄가 없는데도 억울하게 벌을 받는 경우가 종종 있었어요. 신분이 낮은 사람들은 억울하게 벌을 받아도 하소연할 데가 없었답니다.

미천왕이 된 을불

한편 봉상왕은 도망친 을불을 찾으려고 애썼지만 찾을 수 없었어요. 그는 을불이 죽었다고 생각했어요.

이후에도 봉상왕은 나랏일을 돌보기는커녕 화려한 궁궐을 짓고 사치스러운 생활을 하며 백성들을 힘들게 했어요. 나랏일을 맡아 보던 재상 창조리는 봉상왕을 몰아내고 을불을 새로운 왕으로 세워야겠다고 생각했어요.

을불을 찾으라는 창조리의 명을 받은 조불과 소우는 이곳저곳을 찾아 헤매다가 마침내 비류수 강가에서 을불을 찾아냈어요. 을불은 거지꼴이었지만 어딘지 남다른 기운을 풍겼어요. 그들은 한눈에 을불을 알아볼 수 있었지요.

"혹 을불 왕자님 아니십니까?"

"와, 왕자님이라니요? 사람을 잘못 보신 듯합니다. 나는 미천한 소금 장수일 뿐입니다."

을불은 조불과 소우가 자신을 죽이러 온 자객인 줄 알고 고개를 저었어요.

"저희는 창조리 재상이 보낸 사람들입니다. 지금 봉상왕은 백성들을 돌보지 않고 사치스러운 생활만 하고 있습니다. 부디 왕자님께서 고구려의 왕이 되어 나라를 바로 세워 주십시오."

이야기를 듣고 고민하던 을불은 마침내 고구려 백성을 위해서 왕이 되기로 결심했답니다. 그가 바로 고구려 15대 왕인 미천왕이에요.

미천왕은 가난한 백성들을 위해 좋은 정치를 펼치려고 노력했어요.

철제 무기와 농기구
고구려는 철을 다루는 기술이 발달해서 철로 무기, 농기구 들을 다양하게 만들어 사용했어요.

낫

화살촉   쇠스랑   철 항아리

어려운 어린 시절을 보내며 직접 보고 겪은 경험을 잊지 않았지요. 미천왕은 백성들이 농사일에 소를 이용하게 하고, 철제 농기구를 널리 보급했어요. 또한 영토를 넓히기 위해 애썼답니다.

마를 캐는 아이, 서동

"선화 공주님은 남몰래 정을 통하고 밤에 서동이를 몰래 안고 간다네."

신라 궁궐 앞에서 몇몇 아이가 손에 마를 들고 다니며 노래를 흥얼거렸어요. 마침내 이 노래는 신라 진평왕의 귀에까지 들어갔어요.

"아니, 이 무슨 해괴한 노래인고? 도대체 공주가 행실을 어떻게 하고 다니기에 이런 노래가 들린단 말인가!"

화가 난 진평왕은 셋째 딸 선화 공주를 궁궐에서 쫓아냈어요. 슬픔에 빠진 선화 공주 앞에 웬 청년이 나타났어요. 바로 노래의 주인공인 서동이었지요. 서동은 선화 공주에게 자신과 함께 백제로 가자고 했어요.

백제 사람인 서동은 홀어머니와 함께 살고 있었어요. 집이 가난한 탓에 어려서부터 산에서 마를 캐 시장에 내다 팔며 살았지요. 전해 오는 이야기에 따르면, 궁 남쪽의 연못가에 살던 한 여인이 용과 하룻밤을 보냈는데, 그렇게 태어난 아이가 바로 서동이에요. 서동은 선화 공주가 아름답다는 소문을 듣고 신라에 가서 어린아이들에게 마를 주며 노래를 부르고 다니도록 한 거예요.

궁남지
충청남도 부여군 동남리에 있는 궁남지는 서동의 출생과 관련된 이야기가 전해 내려오는 연못이에요.

무왕이 된 서동

서동을 따라 백제 서동의 집에 간 선화 공주는 금덩이를 내놓았어요. 궁궐에서 쫓겨날 때 어머니가 준 것이었지요. 선화 공주는 금을 팔아서 집도 사고 논과 밭도 사자고 했어요.

"공주님, 반짝반짝 빛나는 이 돌이 특별한 것인가요? 저기 산에 가면 산더미처럼 쌓여 있거든요."

산에 가 보니 정말 금덩이가 엄청나게 많이 쌓여 있었어요. 서동과 선화 공주는 금덩이들을 신라의 궁궐로 보내기로 했어요. 그런데 옮기는 일이 쉽지 않았지요. 둘은 산 아래 절에 사는 지명 법사에게 좋은 방법이 있는지 물었어요. 그러자 지명 법사는 신통력을 발휘해 눈 깜짝할 사이에 금덩이를 신라 궁궐로 옮겨 주었어요.

이 일로 서동은 진평왕의 마음을 얻었어요. 그리고 백제의 백성들에게도 차츰 인정을 받아 왕이 되었지요. 그가 바로 백제 30대 왕인 무왕이랍니다.

미륵사지 탑 속 사리 보관함
전라북도 익산 미륵사지 탑 안에서 발견된 황금판에는 무왕의 왕비가 선화 공주가 아닌 백제 귀족의 딸이라는 기록이 적혀 있어요. 하지만 역사학자들 중에는 무왕의 왕비가 여럿이었을 테고, 선화 공주도 그중 한 명이었을 거라고 보는 사람도 있어요.

느릅나무 껍질로 끼니를 때우던 온달

"평강아, 어찌 이리 울어 대느냐? 이렇게 매일 울면 바보 온달에게 시집보낼 테니 뚝 그쳐라."

"바보 온달이요? 그 사람이 누구인가요?"

고구려 평원왕은 울보 평강 공주의 울음을 그치게 하려고 바보 온달 이야기로 공주를 겁주었어요. 평원왕은 공주가 열여섯 살이 되자 귀족 집안의 아들과 혼인시키려 했어요. 그러나 어려서부터 바보 온달에게 시집보내겠다는 말을 듣고 자란 공주는 평원왕의 말을 듣지 않고 바보 온달에게 시집가겠다며 고집을 부렸어요.

온달은 못생긴 데다 옷까지 거지처럼 입고 다녀 바보라고 놀림당하는 청년이었어요. 자기보다 나이 어린 아이들이 놀려 대도 마음 착한 온달은 껄껄 웃어넘겼지요. 가난한 집안에서 태어난 온달은 눈먼 홀어머니를 모시고 살고 있었어요. 이 집 저 집 다니며 구걸을 해 정성껏 어머니를 모셨지요. 느릅나무 껍질을 벗겨 먹을 정도로 가난했어요.

장수가 된 온달

온달에게 시집가겠다고 고집부리던 평강 공주는 결국 궁궐에서 쫓겨났어요. 궁 밖에 나온 공주는 사람들에게 물어 겨우 온달의 집을 찾아갔지요. 초라한 움막집에는 온달의 어머니만 계셨어요.

"뉘시오? 이렇게 좋은 향기가 나는 걸 보니 높으신 분 같은데, 무슨 일로 이런 누추한 곳까지 와서 우리 온달을 찾으시오? 온달은 산에 일하러 가서 아직 돌아오지 않았다오."

공주는 온달을 찾아 산으로 갔어요. 마침 온달이 지게를 지고 산에서 내려오고 있었어요. 평강 공주는 온달에게 자신이 왜 이곳에 왔는지 이야기했어요. 이야기를 들은 온달은 화를 내며 공주를 돌려보내려 했어요. 하지만 공주는 포기하지 않고 계속해서 온달을 설득했어요.

"사람이 귀하고 천한 것이 따로 있겠습니까? 아무리 가난해도 서로 마음이 맞으면 부부가 될 수 있습니다."

결국 온달과 그의 어머니는 공주를 받아들이기로 했어요. 온달과 결혼한 공주는 궁궐에서 쫓겨날 때 가지고 온 금덩이를 팔아 집과 논, 밭,

온달산성
고구려와 신라가 한강을 차지하려고 치열하게 전투를 벌였던 곳이에요. 온달이 신라군에 맞서 싸우다 죽은 곳이라는 이야기도 있어요.

노비를 샀어요. 그리고 온달이 글과 무예를 배우도록 했지요. 온달은 날이 갈수록 늠름하고 총명한 청년으로 변해 갔어요.

　무예를 갈고닦은 온달은 훗날 사냥 대회에 나가 실력을 발휘했고, 그 덕분에 평원왕에게 사위로 인정받을 수 있었어요. 그리고 고구려의 용맹한 장수가 되어 전쟁터를 내달렸지요.

삼국 시대 어린이들은 어떻게 살았을까?

을불과 서동 그리고 온달, 세 명 모두 어린 시절 무척 가난하게 살았어요. 종살이를 하거나 배가 고파 구걸을 하기도 하고, 나무껍질을 벗겨 먹기도 했지요. 이들의 어린 시절 삶은 당시 평범한 아이들의 삶과 다르지 않았어요.

수산리 고분 벽화(복원도)
고구려 귀족들의 나들이 모습을 그린 벽화예요. 귀족은 커다랗게, 시종은 작게 그려 있어요. 그림에서도 귀족과 시종을 차이 나게 그릴 만큼 고구려는 신분 차별이 큰 사회였어요.

삼국 시대는 신분의 구분이 엄격한 사회였어요. 귀족으로 태어나면 죽을 때까지 귀족이었고, 노비로 태어나면 죽을 때까지 노비 신세였지요. 풍요로운 생활을 하는 건 일부 귀족들뿐이었어요.

대부분의 백성은 농사를 짓고 사는 농민이었어요. 이들은 나라에 세금을 내고, 각종 공사에 동원되어 일해야 했어요. 고구려, 백제, 신라가 서로 영토를 차지하려고 치열하게 싸우던 시기였기 때문에 남자들은 전쟁터에 끌려가는 일이 많았어요. 전쟁을 통해 귀족들은 땅을 넓히기도 하고 더 많은 노비를 얻기도 했어요. 하지만 백성들은 더 가난해지고 살기 힘들어졌어요.

백성들은 아무리 열심히 일해도 늘 굶주렸어요. 힘들게 농작물을 수확해도 나라에 세금을 내거나 땅 주인에게 바치고 나면 남는 게 없었지요. 가뭄이나 홍수 등 자연재해가 일어나고 전염병이 돌 때면 더욱 살기 힘들

었어요. 배고픔에 지친 농민들은 남의 집 종이 되거나 여기저기 떠돌며 닥치는 대로 일하고 품삯을 받아 하루하루를 버텼지요. 세금을 내라는 관리의 독촉에 시달리다가 도망가서는 도적이 되는 경우도 있었어요.

을불과 서동은 나중에 고구려와 백제의 왕이 되었고, 온달은 고구려의 장군이 되었어요. 왕이나 귀족이 된 뒤에는 부유한 생활을 했을 거예요.

그러나 그 시대 대다수 어린이는 을불, 서동, 온달의 어린 시절처럼 힘들게 평생 살아야 했어요. 어릴 때부터 농사일과 집안일을 도와야 했고, 먹을 것을 구하러 다녀야 했어요. 남의 집에 종으로 팔려 가기도 했지요. 공부는 꿈도 못 꿨고요. 하지만 이 시대 어린이들도 이루고 싶은 꿈과 희망이 분명히 있었겠지요? 전쟁에 끌려 나가지 않고, 종으로 팔리지 않고, 부모님, 친구들과 함께 평화롭게 살고 싶다는 꿈 같은 것 말이에요.

슬픈 운명의 가야 소녀, 송현이

오늘은 마을 귀족의 장례를 치르는 날이에요. 마을 사람들은 슬픔에 잠겨 있어요. 마을 사람들이 존경하던 어르신이 돌아가셨기 때문이에요.

"항상 우리에게 너그러운 분이었는데……."

"아마 좋은 곳에 가셨을 거야."

누구보다 큰 슬픔에 잠겨 있는 사람은 이 귀족 집의 종들이었어요. 주인어른이 돌아가셨다는 사실도 물론 슬프지만, 그보다 더 슬픈 일이 있기 때문이지요. 주인어른을 모시던 종들도 함께 무덤에 묻히게 된 거예요. 그중에는 '송현이'라는 소녀도 있었어요. 송현이는 누구일까요? 왜 주인의 무덤에 함께 묻혀야 했을까요?

주인을 따라 죽어야 하는 운명

송현이의 유골은 가야 지역이던 경상남도 창녕군 창녕읍 송현동의 한 무덤에서 발견되었어요. 열여섯 살 정도의 이 소녀는 여자 한 명, 남자 두 명과 함께 묻혀 있었어요. 송현동 무덤에서 발견되었다고 해서 '송현이'라고 불린답니다. 송현이는 153센티미터가량의 키에 얼굴이 평평하고 둥글며, 눈이 크고 목이 긴 미인으로 추측되지요.

삼국 시대에는 왕이나 귀족이 죽으면 신하나 종들을 함께 묻는 순장 풍습이 있었어요. 왜 산 사람을 무덤에 함께 묻었을까요? 당시에는 사람이 죽어서도 살아 있을 때처럼 영원히 살아간다고 생각했기 때문이에요. 그래서 무덤 벽에 죽은 사람이 살던 집과 평소 생활하던 모습도 그려 넣었지요. 토기, 베개, 장신구 등도 함께 묻어 주었답니다.

송현동의 무덤과 복원한 송현이의 모습
송현동 고분에서는 무덤 주인과 함께 묻힌 사람들의 뼈가 발견되었어요.

송현이의 유골은 발견 당시 일정한 간격을 두고 가지런하게 놓여 있었어요. 아마도 살아 있을 때 묻힌 것이 아니라 죽은 뒤에 묻혔을 거라 추측할 수 있지요. 어쩌면 당시 종들은 자신의 주인을 따라 죽는 것을 당연하게 생각했을지도 몰라요.

부지런하고 착한 송현이

송현이는 분주하게 집 안을 돌아다니며 일하던 착한 소녀였어요. 평소 부지런하고 싹싹해서 사람들에게 귀여움을 많이 받았지요. 늘 밝은 표정으로 어른들이 시키는 일을 마다하지 않았어요.

동이 트고 새벽닭 울음소리가 들리면 송현이도 일어났어요. 아침밥을 짓느라 바쁜 어른들을 도와야 했거든요. 아궁이에 불을 지피고, 주인어른 아침상 차리는 일을 도왔지요. 그러고는 넓디넓은 마루를 혼자서 닦았어요. 무릎을 꿇고 구석구석 청소하다 보면 무릎뿐 아니라 허리도 아팠어요.

"송현아, 들판에 가서 나물 좀 캐어 오렴. 주인어른 저녁상에 올리게. 다녀와서 베 짜는 걸 도우려무나."

"네. 얼른 다녀올게요."

따스한 봄바람을 맞으며 들판에서 나물 캐는 일은 무척 즐거웠어요. 들판에는 소쿠리를 들고 나물 캐러 나온 동네 아이도 여럿 있었어요. 향긋한 냉이와 쑥 냄새를 맡으며 동네 아이들과 어울려 신나게 나물을 캐니 콧노래가 절로 나왔어요.

하지만 송현이는 얼른 집으로 돌아가야 했어요. 해야 할 일들이 기다리고 있으니까요. 이렇게 궂은일을 많이 해서였을까요? 송현이의 뼈를 분석해 보니 특히 무릎뼈가 많이 닳아 있었다고 해요.

송현이는 무덤에 묻힐 때 소매가 길고 엉덩이까지 내려오는 긴 저고리에 긴 치마를 입고, 연꽃무늬가 그려진 가죽신을 신고 있었어요. 종인데도 좋은 옷을 입고 있었지요. 하지만 평소에 입던 옷은 아닐 거예요. 죽

가야의 장신구
금, 유리구슬 등으로 만든 장신구들이에요. 색색의 유리구슬을 사용해서 알록달록한 빛깔을 내었답니다.

은 사람이라 평소 입던 옷보다 더 좋은 옷을 입혀 주고, 더 좋은 신발을 신겨 주었겠지요. 비단으로 만든 좋은 옷은 주로 신분이 높은 사람이 입었고, 신분이 낮은 사람은 거친 삼베로 만든 옷을 입고 나막신이나 짚신을 신었답니다.

송현이는 발견 당시 한쪽 귀에만 금귀고리를 하고 있었어요. 다른 한쪽 귀고리는 어딘가로 사라졌거나, 당시 귀고리를 한쪽만 하는 풍습이 있었을지도 몰라요. 가야 사람들은 금이나 은뿐만 아니라 알록달록한 유리 구슬로 만든 장신구도 많이 착용했어요.

농사짓고 살기에 좋은 가야

송현이에게는 한 가지 바람이 있었어요.

"오늘 주인어른 밥상에는 조개구이와 소고기 반찬이 올라갔어. 나도 흰쌀밥에 고기반찬 한번 먹어 보면 소원이 없겠다!"

"꿈도 꾸지 마! 이렇게 굶지 않고 끼니를 때울 수 있는 것만으로도 감사한 일인걸."

"그럼…… 오늘 상에 올린 복숭아만이라도 먹어 보고 싶어!"

송현이는 흰쌀밥에 맛있는 반찬을 배불리 먹어 보고 싶었어요. 송현이의 뼈를 분석해 보니 쌀, 보리, 콩 등을 주로 먹었다고 해요. 살아 있을 때 충치와 빈혈 증상도 있었던 것으로 보이는데, 충분히 먹지 못했거나 기생충에 감염되는 등의 질병 탓일 거라고 추측해요.

가야 지역은 비교적 토지가 비옥해서 농사짓고 살기에 좋은 환경이었어요. 여러 가지 곡식과 과일, 채소를 재배했고 밤과 도토리를 주워 먹기도 했지요. 또한 가축을 길러 잡아먹고, 강가나 바닷가에서 물고기와 조개 등을 잡아먹고 살았어요. 하지만 지금에 비해 먹을거리가 턱없이 부족했답니다.

일본과 활발히 교류한 가야

송현이가 살던 6세기 무렵은 신라가 가야에 영향을 미친 시기예요. 특히 송현이가 발견된 창녕 지역은 신라가 낙동강 서쪽으로 진출하는 데 중요한 곳이었지요. 예로부터 일본과 활발하게 교류한 곳이기도 하고요.

송현이가 발견된 무덤에서 녹나무로 만든 관이 나왔어요. 녹나무는 주로 일본에서 많이 자라요. 이렇게 우리나라에서 잘 나지 않는 녹나무가 발견되었다는 것은 가야와 일본의 교류가 활발했음을 알려 주지요.

일본과의 교류가 활발했음을 알려 주는 또 하나의 유물은 바로 토기랍니다. 송현동 무덤에서는 긴 다리가 있는 굽다리 접시, 목이 긴 토기 등이 발견되었는데, 이러한 가야의 토기 제작 기술은 일본에 전해졌어요. 일본의 스에키 토기는 가야 토기의 영향을 받아 만들어진 거예요. '스에키 토기'는 '질 좋은 토기'라는 이야기도 있고, 일본어로 '스에'가 '쇠'이므로 쇠처럼 강하고 단단해 붙인 이름이라는 이야기도 있어요.

5세기 초 신라가 세력을 키우면서 가야는 점차 힘을 잃었어요. 그때 가야 지역의 도공들이 대거 일본으로 건너갔을 가능성이 높아요.

무덤 속에서 발견된 송현이는 우리에게 많은 이야기를 해 줍니다. 자신의 미래를 그리며 한창 꿈을 키울 나이임에도 신분 때문에 깊은 땅속에 묻혀야 했던 슬픈 사연을…….

가야와 일본의 토기
가야와 일본이 교류했다는 사실은 그 시대의 토기를 보면 알 수 있어요. 일본의 스에키 토기는 가야의 토기와 매우 닮았답니다.

가야 토기

일본 스에키 토기

　가야에는 송현이처럼 무덤에 묻혀야 했던 어린이가 많았을 거예요. 순장제는 꿈 많은 어린아이의 목숨도 앗아 가는 제도였으니까요. 그런데 당시의 사람들은 이런 제도를 당연한 것으로 받아들이고 목숨을 바쳤다니, 정말 놀랍지요?

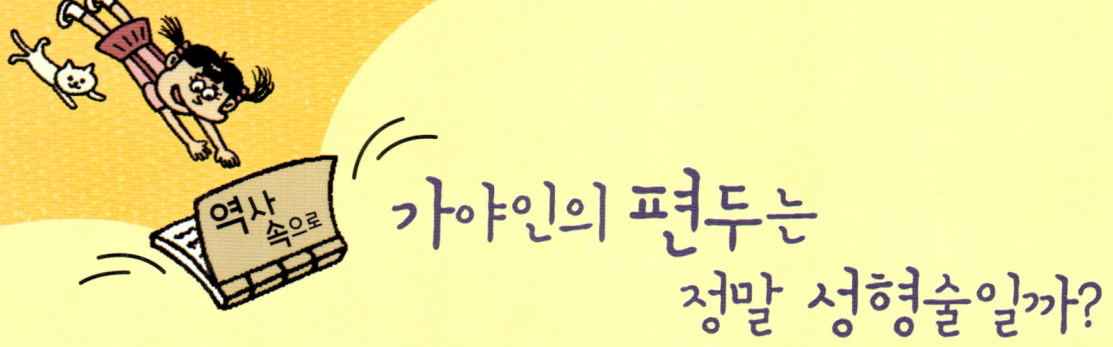

역사 속으로 — 가야인의 편두는 정말 성형술일까?

태어난 지 얼마 되지 않은 아기를 엎드려 눕혀 놓은 모습을 본 적 있나요? 머리 모양이 예쁘게 자라도록 그렇게 한답니다. 예뻐지기 위해서는 코나 눈을 수술하기도 하지요.

그런데 1600여 년 전 가야인들도 성형했음을 보여 주는 어린이의 머리뼈가 발견되었어요. 경상북도 김해시 예안리 무덤에서 발견된 이 어린이의 머리뼈는 이마가 납작하며 뒤로 기울었고 뒤통수가 뾰족하게 튀어나와 있었지요. 이런 머리 모양을 '편두'라고 해요. 이 무덤에서는 10여 구의 편두가 발견되었는데, 대부분이 성인 여성의 것이었고 단 한 구만 대여섯 살 어린아이의 것이었지요.

이 사람들의 머리 모양은 태어날 때부터 이런 모습이었을까요?

중국 역사책에 "아이를 낳으면 돌로 머리를 눌러 납작하게 만든다. 그래서 지금도 진한(옛 신라) 사람은 모두 편두이다."라는 내용이 쓰여 있어요. 이 글귀로 당시 신라와 가야에 편두 풍습이 있었음을 짐작할 수 있지요. 편두는 가야 지역뿐 아니라 이집트, 아프리카, 중국, 인도 등지에서 유행했어요.

갓 태어난 아이의 머리를 편두로 만드는 것은 무척 위험한 일이었어요. 잘못하면 목숨을 잃을 수도 있었지요. 실제로 예안리 무덤에서 발견된 머리뼈 중에는 편두를 하다 실패해 죽은 것으로 보이는 대여섯 살가량의 어린이도 있었어요.

이러한 위험을 무릅쓰고 편두로 만든 이유는 무엇일까요? 이마를 누르면 자연스럽게 코가 더 오뚝해 보이고, 턱도 작아지지요. 당시에는 그런 얼굴이 더 예쁘다고 생각했기 때문일 거예요.

그런데 정말 편두는 예뻐지기 위한 성형술이었을까요? 편두의 목적에 대한 기록이 남아 있지 않아서 정확히 알 수는 없어요. 당시 사람들이 코가 오뚝한

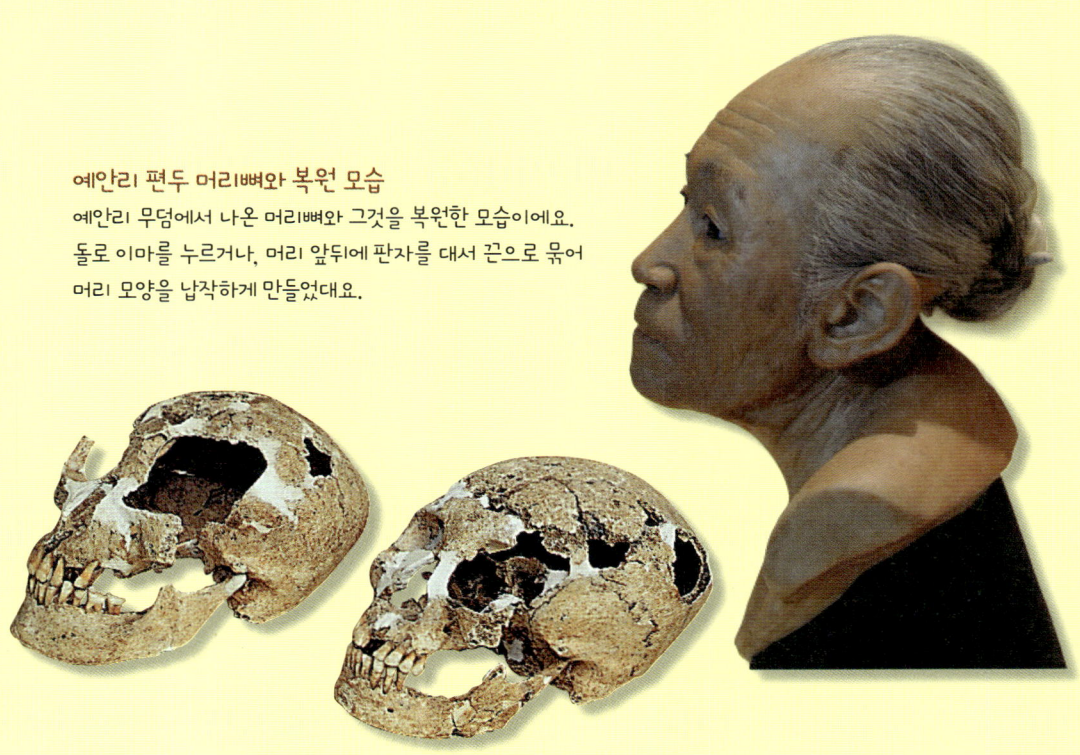

예안리 편두 머리뼈와 복원 모습
예안리 무덤에서 나온 머리뼈와 그것을 복원한 모습이에요. 돌로 이마를 누르거나, 머리 앞뒤에 판자를 대서 끈으로 묶어 머리 모양을 납작하게 만들었대요.

사람이 예쁘다고 생각했는지도 확실하지 않고요. 그래서 편두를 성형술로 보기도 하고 종교와 관련지어 추측하기도 한답니다. 편두를 한 사람들은 무당일 거라는 의견도 있어요.

하지만 아직까지 정확한 이유는 밝혀지지 않고 있답니다. 예안리 무덤에서 발견된 190여 기의 머리뼈 중 10여 기 정도만 편두였다고 해요. 이를 통해 편두가 일반적인 풍습은 아니었음을 짐작할 수 있지요. 편두 풍습은 4세기까지만 이어지고, 이후에는 사라진 것으로 추측해요.

신라의 어린이, 화랑이 되다

"장군님, 적들을 당해 낼 수가 없습니다."

"잠시 퇴각하라!"

여기저기서 죽어 가는 병사들의 비명이 들려왔어요.

660년, 신라와 백제의 운명을 건 전투가 벌어졌어요. 열여섯 살의 화랑 관창은 아버지 김품일 장군과 김유신 장군을 따라 황산벌로 나갔어요. 계백이 이끄는 백제의 5000 군사와 신라의 5만 군사가 맞붙었지요. 병사의 수가 열 배나 많은 신라는 전투에서 쉽게 이길 것이라는 예상과 달리 번번이 지고 말았어요. 죽기를 각오하고 싸우는 백제군을 당해 낼 수가 없었던 거예요.

화랑의 용맹한 기상을 빛낸 관창

이 전투에 신라의 운명이 걸렸다고 생각한 김품일 장군은 관창을 불렀어요.

"적진에 뛰어들어 백제 장수의 목을 베어 와 화랑으로서 명예를 드높이거라."

"네. 반드시 적장의 목을 베어 오겠습니다."

아버지의 명령이 떨어지기 무섭게 말에 올라탄 관창은 창을 들고 백제의 적진으로 돌격했어요. 하지만 이내 백제군에게 붙잡히고 말았지요.

관창의 투구를 벗긴 계백 장군은 깜짝 놀랐어요. 늠름한 청년인 줄 알았던 신라의 장수가 앳된 소년이었거든요.

"참으로 네 용기가 가상하구나!"

관창의 용기에 감탄한 계백 장군은 그를 돌려보내 주었어요. 하지만 '싸움터에 나가 물러서지 말라.'는 화랑의 계율을 어겼다는 생각에 부끄러워진 관창은 백제군을 향해 다시 말 머리를 돌렸어요.

이번에도 관창은 곧바로 잡히고 말았지요. 계백 장군은 관창의 목을 베어 말안장에 매달아 신라군에게 돌려보냈어요. 관창의 용맹한 죽음을 지켜본 신라군은 크게 분노했고, 죽을 각오로 싸웠어요. 그 덕분에 신라군은 백제군을 물리치고 사비성을 함락시킬 수 있었답니다.

신라의 기둥, 화랑도

신라에는 관창처럼 청소년들로 이루어진 수련 단체인 '화랑도'가 있었어요. 화랑도는 국가에서 필요한 인재를 키워 낼 목적으로 만든 단체로, 진흥왕 때 국가 조직으로 정비되었지요.

'화랑'은 '꽃처럼 아름다운 사내'라는 뜻이에요. 신라의 청소년 누구나 화랑이 될 수 있었을까요? 그렇지 않았어요. 화랑은 열두 살에서 열여덟 살 정도의 청소년으로 구성되었는데, 진골 귀족의 자제가 화랑이 되었지요. 그리고 그 아래에는 화랑을 따르는 낭도들이 있었어요. 낭도는 귀족이나 평민의 자제로 구성되었고, 수백 명에서 수천 명에 이르렀답니다. 즉 화랑도는 화랑과 낭도로 구성된 단체이지요.

화랑도를 이끄는 총책임자를 '국선'이라고 불렀어요. 화랑의 꿈은 국선이 되어 화랑도를 이끄는 것이었답니다. 이렇듯 신라의 화랑들은 비록 어린 나이였지만 자신의 능력을 발휘하며 나라에서 무척 중요한 역할을 했어요.

진흥왕이 화랑도를 국가 조직으로 만든 이유는 당시 사회 상황과 깊은 관련이 있어요. 6세기 무렵 신라는 가야, 고구려, 백제와 치열한 전쟁을 하고 있었어요. 전쟁을 치르기 위해서는 군대를 자주 동원해야 했고, 군대를 이끌 장수도 필요했지요. 진흥왕은 무술이 뛰어나고 인품이 훌륭한 인재를 뽑아 화랑으로 길러 냈어요. 화랑들은 전쟁터에서 군대를 이끌었고, 낭도들은 군인이 되어 전쟁터에 나갔어요.

비록 신라에는 폐쇄적 신분 제도인 골품제가 있었지만, 화랑도는 신분 사이의 갈등을 줄이고 신라 사회를 하나로 통합하는 역할을 했어요. 진골 귀족, 일반 귀족, 평민이 함께 수련하고 전쟁터에 나가 나라를 위해 목숨 바쳐 싸우다 보면 자연스레 하나가 되었답니다.

마음 수련과 무술 연마

신라에만 청소년을 교육하는 제도가 있었을까요? 그렇지 않아요. 고구려의 교육 기관인 경당에서도 결혼하지 않은 청소년들이 모여 글공부를 하고 활쏘기와 말타기 등의 무술을 배웠지요.

신라의 화랑들은 경주 남산을 비롯해 전국의 이름난 산과 강을 찾아다니며 마음을 수련하고 무술을 닦았어요. 노래와 춤도 즐겼고요. 그래서 그들을 '풍류도'라 부르기도 했답니다.

"술랑, 남랑, 안랑, 저 바위 좀 보게나. 꼭 호랑이가 웅크리고 앉아 울산 바위를 바라보고 있는 것 같지 않나?"

호숫가 주변 풍경을 본 화랑들은 감탄사를 쏟아 냈어요.

"영랑, 잔잔한 호수에 비치는 햇살이 마치 별빛 같지 않은가?"

"서라벌에서 열리는 무술 대회에 참가하려면 서둘러야 할 텐데……."

"그냥 지나치긴 너무 아까운 풍경이니 우리 함께 즐기다 가세."

강원도 속초에는 '영랑호'라는 호수가 있어요. 영랑을 비롯한 화랑들이 금강산에 수련을 다녀오다 이곳에 들렀는데, 아름다운 경치에 반해 그만 서라벌(경주)에서 열리는 무술 대회에 참가하는 것을 까맣게 잊었다고 해요. 이후 이 호수는 영랑의 이름을 따 영랑호라고 불렸답니다.

화랑도의 규율, 세속 오계

화랑도에는 꼭 지켜야 할 다섯 가지 계율, '세속 오계'가 있었어요. 이 계율은 원광법사가 만들었다고 전해지고 있지요. 화랑들은 세속 오계를 늘 마음속에 새기며 생활했답니다.

경주에서 발견된 임신서기석에는 신라의 화랑으로 보이는 두 청년이 맹세한 내용이 담겨 있어요.

"우리 이 돌에 서로의 다짐을 새기는 것이 어떤가?"

"좋아. 나라에 충성하고 3년 동안 쉬지 않으며, 유학 공부를 열심히 할 것을 맹세하세."

벗과 함께 앞날을 계획하는 두 청년의 모습에서 '믿음으로 친구를 사귄다.'는 세속 오계의 계율을 엿볼 수 있어요. 또한

금곡사지 원광법사 부도
중국에서 이름을 떨치던 원광법사는 신라의 부름을 받고 귀국해서 화랑도의 계율인 '세속 오계'를 만들었다고 전해지고 있어요.

임신서기석
두 화랑이 열심히 공부하고 나라에 충성할 것을 다짐하는 내용을 새긴 돌이에요. 높이는 약 32센티미터 정도랍니다.

화랑들이 이름난 산과 큰 강을 찾아다니며 몸과 마음을 수련했고 공부도 게을리하지 않았음을 알려 준답니다.

한창 친구들과 뛰어놀 열두세 살의 나이에 화랑들은 글공부뿐 아니라 무예도 익혀야 했어요. 어린 나이에 화랑이 되어 나라의 기둥 역할을 해야 했지요. 삼국의 치열한 전쟁은 이처럼 청소년들도 무예를 익힐 수밖에 없게 만들었답니다. 당시에는 왕도 무술이 뛰어났고 신하들도 모두 장수였음은 물론, 어린 소년들도 무술을 익혀 전쟁터에 나가 관창처럼 자신의 목숨을 기꺼이 내놓은 거예요.

조기 유학을 떠난 통일 신라의 어린이들

"열심히 공부해서 아버지와의 약속을 지키겠습니다. 반드시 과거에 급제해 제 뜻을 펼칠 것입니다."

지금으로부터 1500여 년 전, 당나라로 가는 배에 몸을 실은 열두 살 최치원은 결의에 찬 표정으로 신라 땅을 바라보았습니다. 최치원은 왜 이토록 어린 나이에 홀로 머나먼 당나라까지 유학을 떠난 걸까요?

열두 살에 유학을 떠난 최치원

"하늘 천, 땅 지……."

"어이구, 기특하기도 하지. 우리 치원이는 네 살밖에 안 되었는데도 저리 글을 잘 읽는구려."

최치원이 글 읽는 소리를 듣던 아버지 견일은 뿌듯했습니다. 최치원은

신라 골품제
골품제는 신라의 신분 제도예요. 왕족인 '골'과 지방 족장 출신인 '두품'으로 이루어졌어요.
골품에 따라 오를 수 있는 관직에 한계가 있었고, 결혼 상대, 옷차림, 집의 크기,
심지어 매일 사용하는 그릇까지 기준이 정해져 있었어요.

어려서부터 침착하고 똑똑했으며, 책 읽기와 시 쓰기를 좋아했어요. 네 살 무렵 글을 배우기 시작해 열 살에는 《오경》 같은 유교 경전을 읽어 신동이라 불렸답니다.

하지만 아버지의 마음 한편은 늘 무거웠어요. 신라에는 골품제라는 신분 제도가 있는데, 아무리 능력이 뛰어나도 진골 귀족이 아니면 높은 관직에 오를 수 없었기 때문이에요. 진골 귀족이 주요 관직을 독차지했고, 그 외의 귀족들은 정해진 관직 이상으로는 오를 수 없었답니다.

최치원의 아버지 견일은 6두품 출신의 관리였어요. 그는 당나라 유학만이 신분의 한계를 뛰어넘을 수 있는 유일한 방법이라고 생각했지요. 그래서 아들을 유학 보내기로 마음먹었어요. 당나라에서 유학을 마치고 돌아오면 지금보다 더 출세할 수 있으리라 생각했기 때문이에요.

견일은 유학을 떠나는 아들에게 당부했어요.

"10년 안에 과거에 급제하지 못하면 내 자식이 아니다. 당나라에 가거든 열심히 공부하거라."

신분제의 한계로 선택한 당나라 유학

최치원은 영암에서 당나라로 가는 배에 몸을 실었어요. 열두 살의 어린 아이가 낯선 상인들 틈에 끼어 홀로 머나먼 당나라의 수도 장안까지 간 거예요.

배에 몸을 실은 최치원은 굳게 마음을 다졌어요.

'아, 당나라는 참 먼 곳이구나. 하지만 성공하려면 이 정도의 고달픔은 거뜬히 참아 내야지!'

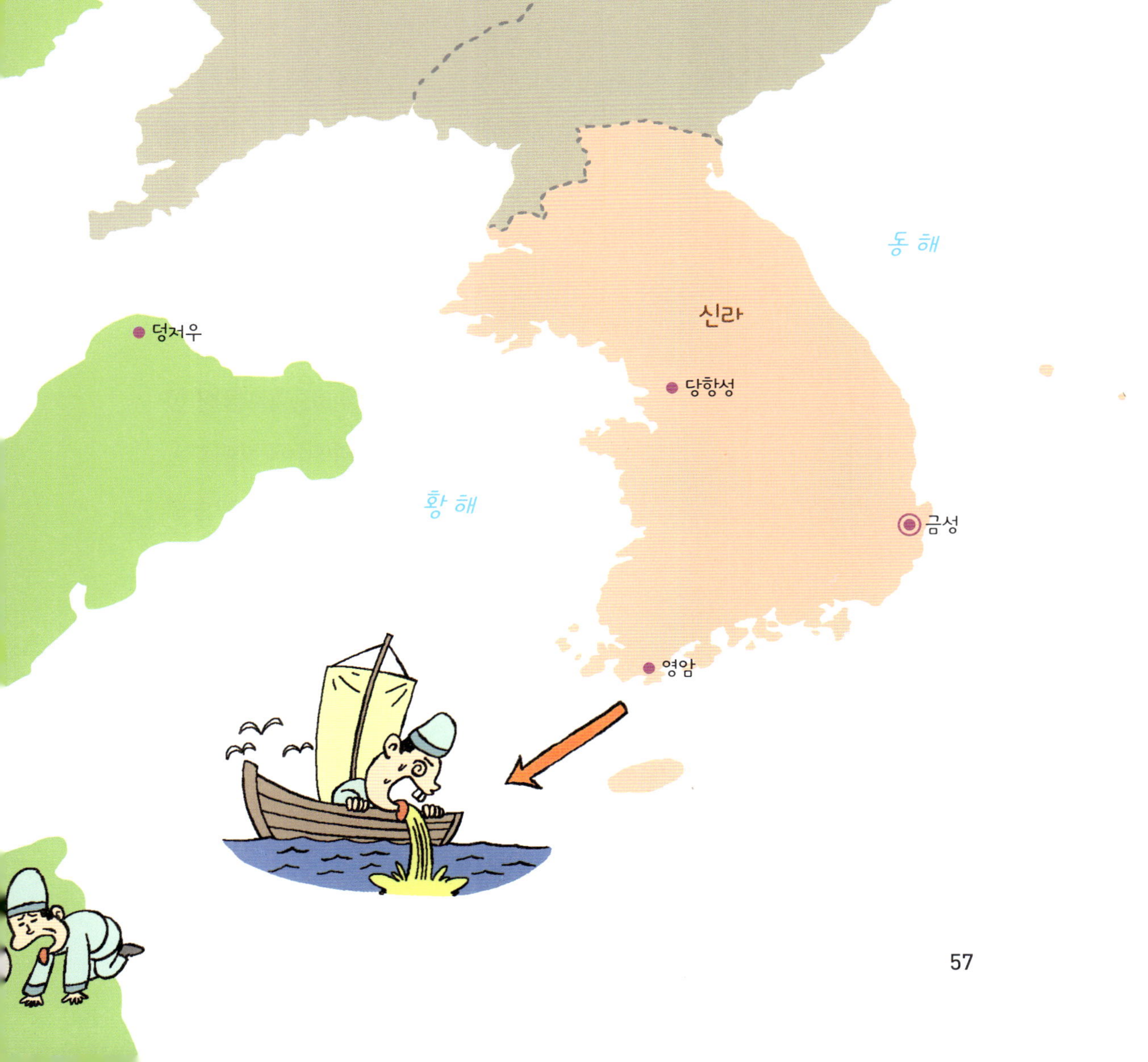

하지만 이러한 결심과 달리, 당나라 장안까지 2000리가 넘는 길은 어린 최치원에게 무척 힘든 여정이었어요. 나흘간 출렁거리는 배 안에서 뱃멀미로 고생하고, 배에서 내리고도 다시 몇 달을 걸어서야 겨우 장안에 도착할 수 있었지요.

당나라는 다른 나라 사람들에게도 과거 공부할 기회를 주는 개방적인 나라였어요. 주변 나라의 유학생들이 당나라에서 공부할 수 있도록 도와주기도 했지요. 학비와 기숙사 비용이 무료였고, 심지어 벼슬도 할 수 있었어요.

당시 당나라는 여러 면에서 동아시아 국가들에 영향을 주는 나라였어요. 신라는 삼국 시대부터 당나라와 교류하며 문물을 받아들였고, 통일 이후에는 더욱 활발하게 교류했지요. 상인을 비롯해 많은 사람이 당나라로 건너가 마을을 이루어 살았고요. 최치원 외에도 많은 신라 유학생이 당나라에서 과거에 합격해 벼슬을 했으며, 스님들도 불교를 공부하려고 유학길에 올랐답니다.

장안은 여러 나라 출신의 유학생이 모인 국제 도시였어요. 그중에서 신라 유학생이 가장 많았다고 해요. 하지만 누구에게나 유학이 허락되지는 않았어요. 신라 정부의 추천을 받은 학생 중 당나라가 선발한 학생들만 당나라 대학인 국자감에서 공부할 수 있었어요.

당나라에서 이름을 떨치다

당나라에 도착한 최치원은 아버지의 말씀을 마음에 새기며 과거에서 장원 급제를 하려고 열심히 공부했어요.

당나라의 기선을 제압한 최치원

'아휴, 졸려. 상투를 천장에 매달아 졸음을 쫓아야겠군. 허벅지를 가시로 찌르면 잠이 좀 달아나려나……'

최치원은 다른 사람이 백을 하는 동안 천의 노력을 했어요. 그 덕분에 당나라로 건너간 지 6년 만인 열여덟 살에 외국인이 치르는 과거 시험인 빈공과에서 장원 급제를 하고 벼슬길에 올랐지요. 하지만 그리 높은 벼슬은 아니었답니다. 외국인에게 처음부터 높은 벼슬을 주지는 않았거든요.

당시 당나라는 혼란스러운 상황이었어요. 소금 장수 황소라는 사람이 농민군을 이끌고 반란을 일으켰어요. 황소는 당나라 수도 장안을 점령하고 스스로를 황제라 칭했어요.

당시 총사령관을 도우며 전쟁 상황을 기록하던 최치원은 황소를 꾸짖는 내용을 담아 항복할 것을 권하는 글을 써 보냈어요.

최치원의 글을 받은 황소는 깜짝 놀랐어요.

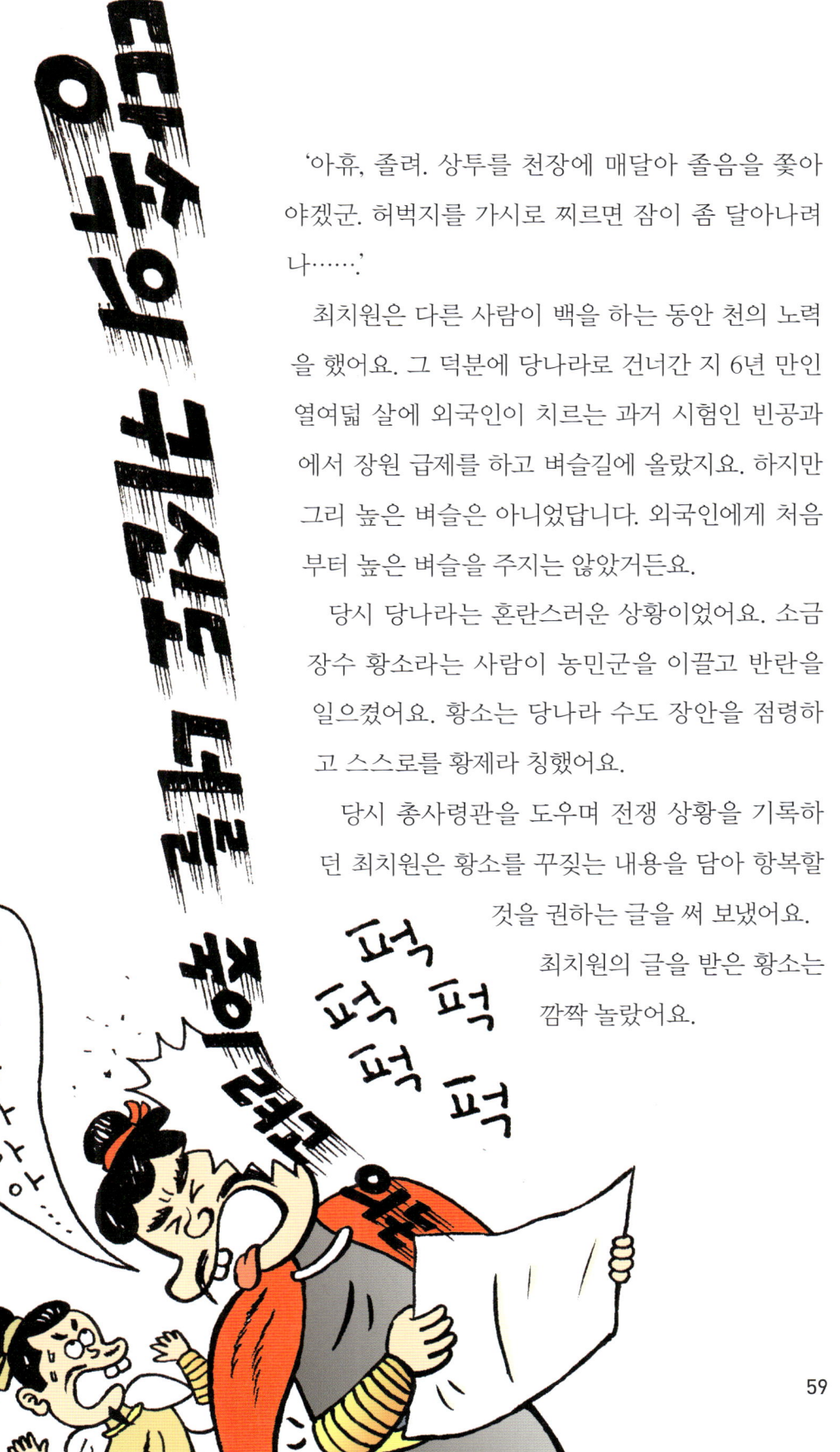

'뭐라고, 세상의 모든 것이 나를 죽이려고 한다고? 땅속의 귀신도 나를 죽이려고 의논한다고……!'

잘못을 고치라는 최치원의 글을 읽은 황소는 기가 죽었어요.

"최치원이란 사람의 글을 읽고 황소가 침상에서 굴러떨어졌다며?"

"그 사람 글의 힘이 대단한걸. 칼보다 센 것 같아."

사람들은 글로 황소의 군대를 진압했다며 최치원을 칭송했어요. 이 일로 최치원은 당나라에서 이름을 떨치게 되었답니다.

뜻을 펼치기 위해 신라로 돌아오다

최치원은 당나라에서 벼슬도 하고 이름을 떨쳤지만 외국인이었기에 한계가 있었어요.

'내가 비록 당나라에서 어느 정도 성공을 거두었지만 더 이상 높이 날기는 힘들 것 같구나……. 나의 고국 신라로 돌아가 내 뜻을 펼쳐 보이겠노라!'

최치원은 당나라에서 배운 학문을 고국에서 펼치고자 신라로 돌아가고 싶어 했어요. 최치원 말고도 최승우, 최언위, 김가기 등 당나라 유학생 가운데 신라로 다시 돌아와 활약한 인물이 많았답니다.

최치원은 신라를 떠난 지 16년 만에 새로운 꿈을 안고 다시 고국으로 돌아왔어요.

'허허, 나라 꼴이 말이 아니군. 진골 귀족들은 서로 왕 자리를 차지하려 다투고, 백성들은 흉년으로 굶고 있으니…….'

당시 신라의 왕권은 점점 약해졌고, 귀족들은 백성들이 굶고 있는 상황에서도 자기 욕심을 채우는 데만 급급했어요.

왕위에 오른 진성여왕은 나랏일에는 관심이 없고 방탕한 생활을 했어요. 그렇다 보니 나라 살림은 점점 더 어려워졌고, 구멍 난 살림을 메우려고 백성들에게 세금을 독촉했지요. 참다못한 농민들이 세차게 일어났어요. 지방 세력들도 나라 곳곳에서 왕권에 대항하며 독립적으로 성장해 나갔고요.

고국에서 외면당한 불운의 천재

894년, 최치원은 진성여왕에게 열 가지 개혁안을 올렸어요.

"지금 나라 사정이 말이 아니옵니다. 나라를 바로잡으려면 개혁을 해야 합니다. 백성들의 세금도 줄여 주시고. 또……."

진골 귀족들은 중요한 관직을 차지하고는 자신들에게 유리한 대로 나라를 이끌어 가고 있었기 때문에 개혁안을 올린 최치원이 못마땅했어요. 그래서 개혁을 주장하는 최치원의 생각을 받아들이지 않았지요.

결국 뜻을 이루지 못하고 좌절한 최치원은 벼슬을 내려놓고 경치 좋은 산과 강을 찾아다니며 살았어요.

'나라를 위한 마음이 아무리 큰들 무엇하겠는가? 내 뜻을 알아주는 사람도 없고, 이 나라에서는 골품제 때문에 도저히 뜻을 펼칠 수 없으니 이 얼마나 애석한 일인가……'

이후 최치원은 가야산의 해인사로 들어가 시와 글을 지으며 살았어요.

최치원 기념관
2007년, 최치원이 5년 동안 종사관으로 근무한 지역인 중국 장쑤 성 양저우 시에 세워졌어요. 중국에서 첫 번째로 세워진 외국인 기념관이에요.

그러던 어느 날 아침, 신발과 갓만 남겨 놓고 어디론가 사라졌는데 신선이 되었다는 이야기가 전해진답니다.

　자신의 뜻을 펼치기 위해 어린 나이에 유학길에 오른 최치원, 그리고 신분 제도의 한계를 딛고 자식을 성공시키고자 어린 아들을 낯선 곳에 떠나보냈던 그의 부모님. 하지만 그러한 노력도 시대의 한계를 뛰어넘을 수는 없었어요.

　최치원은 살아생전에 고국인 신라보다 당나라에서 더 이름을 떨쳤어요. 최근 중국에 세워진 최치원 기념관은 우리나라와 중국의 친구 관계를 상징하고 있답니다.

고려 팔관회 축제를 이끈 아이, 선랑

'크리스마스' 하면 무엇이 떠오르나요? 선물을 주는 산타클로스? 썰매를 끄는 루돌프? 거리에 은은히 울려 퍼지는 캐럴? 우리나라에서 크리스마스는 이제 크리스트교를 믿는 사람이 아니어도 누구나 즐기는 축제가 되었어요.

고려 시대에도 온 나라 사람들이 즐기는 큰 종교 축제, 바로 '팔관회'가 있었어요. 팔관회 날이 되면 지금의 크리스마스처럼 온 나라가 떠들썩했지요. 그 축제의 중심에 어린이도 있었어요. 바로 '선랑'이랍니다. 고려 시대의 선랑은 화랑의 전통을 잇는 어린이로, 팔관회를 이끄는 역할을 했어요.

고려의 불교 행사, 연등회와 팔관회

고려는 불교를 믿는 나라였어요. 그래서 불교 행사가 크게 열렸지요. 그중 가장 큰 행사는 연등회와 팔관회였어요. 연등회는 연꽃 모양의 등을 매달아 세상을 밝게 비추며 부처님이 오신 것을 축하하는 행사였어요. 지금도 연등회의 전통은 이어지고 있답니다.

　팔관회는 원래 신라 때부터 있던 행사인데, 고려에서 크게 발전했어요. 고려를 세운 태조 왕건이 후손들에게 남긴 열 가지 유언 가운데 이런 내용이 있을 정도였어요.

> 팔관회는 하늘의 신, 산과 강의 신, 그리고 용신을 섬기는 행사로, 이것을 잘 치러야 한다.

오늘날 연등회
고려의 연등회 행사는 오늘날까지 이어지고 있어요. 해마다 석가 탄신일에 불을 밝히고 거리를 행진하는 연등회 행렬을 볼 수 있답니다.

팔관회는 자연의 신을 섬기면서 동시에 불교의 가르침을 되새기는 행사로, 해마다 가을 추수가 끝난 뒤에 열렸어요.

선랑으로 뽑힌 어린이가 팔관회의 주인공

오늘은 선랑을 뽑는 날이에요. 팔관회를 준비하는 관청 마당에 열 살 정도의 잘생긴 남자아이가 많이 모여 있네요. 다들 내로라하는 귀족 집안의 아이들이에요. '신선 도령'이라는 뜻의 선랑으로 뽑히는 것은 큰 영광이었어요. 그래서 많은 아이가 좋은 옷을 갖춰 입고 참여한 거지요. 신라에 화랑이 있었다면 고려에는 선랑이 있었어요.

아이들은 기대와 걱정에 가슴이 두근두근했어요. 관리들은 멋진 선랑을 뽑으려고 아이들을 한 명씩 불러 용모와 태도를 살피고 각오를 들었어요.

선랑으로 뽑힌 어린이들은 팔관회의 행사 순서와 내용을 익히고 각자 할 일을 배웠어요. 특히 행렬을 이끌고 부처님과 신선들에게 제사 지내는 법을 잘 익혔답니다. 제사 때 실수라도 하면 큰일이니 여러 번 연습했지요.

음력 11월 15일, 드디어 팔관회 날이 되었어요. 날씨는 쌀쌀하지만 사람들의 마음은 축제 맞이에 들떠 있었지요. 선랑들은 행사가 시작되기 전 화려한 비단옷을 입고, 머리에 예쁜 꽃을 꽂아 치장했어요. 그리고 떨리는 마음으로 행렬의 맨 앞에 서서 행사를 기다렸어요.

부처를 받들고 신들을 즐겁게 하는 축제

팔관회는 궁궐에서 먼저 시작돼요. 임금이 태조 왕건의 초상화에 절을 올리고 자리에 앉으면 태자와 왕족, 신하 들이 차례대로 임금에게 인사를 올리지요. 지방의 관리들까지 의식에 참여했기에 이날 행사는 온 나라가 하나 되는 기회이기도 했어요.

임금에게 인사 올리는 일이 끝나면 북과 나발 소리를 크게 울리며 본격적으로 행사를 시작해요. 이때 드디어 선랑이 등장한답니다. 용, 봉황, 말, 코끼리 모양으로 꾸민 큰 배 모양의 수레가 천천히 굴러가지요. 그 배의 위, 맨 앞에 화려한 모습의 선랑이 우뚝 서 있어요. 용이나 봉황 같은 동물은 신선이 타는 동물이에요. 그러니 선랑은 바로 용, 봉황을 탄 신선이 되는 거지요.

신령한 동물을 탄 선랑이 앞장서고 그 뒤로는 음악을 연주하는 악단이 따랐어요. 노래하고 춤을 추는 무용수들과 묘기를 선보이는 광대들이 재주를 부리며 흥을 돋우었지요.

사람들은 나라가 평안하고 임금이 만수무강하기를 바라며 공연을 구경하고 음식을 나누어 먹었답니다. 공연은 밤까지 이어졌어요. 궁궐의 넓은 마당 곳곳에 등을 밝혀 놓고, 밤이 새도록 춤추고 노래했어요. 말 그대로 '부처를 받들고 신들을 즐겁게 하는 축제'였어요.

팔관회는 궁궐의 행사에서 그치지 않고 거리 행렬로도 이어졌어요. 선랑을 태운 화려한 수레와 악단, 무용수, 광대 들이 개경 시내를 가로질러 행진했지요. 사람들은 행렬이 지나는 개경의 큰 거리를 가득 메우며, 이 화려한 행진을 빠짐없이 보려 애썼어요.

"우아, 저 화려한 수레 좀 봐. 정말 용과 봉황이 움직이는 것 같아. 뒤따르는 악단의 모습도 장관이구먼."

"올해 팔관회 행렬은 유난히 흥겹고 화려하네 그려."

"용 수레 위에 탄 저 선랑님 모습은 참 멋지기도 하지!"

"저 뒤에 재주넘는 광대 좀 보게. 재주가 신기하기도 하구먼."

고려의 이름을 드높인 국제적 행사

팔관회 행사에는 각 지역 관리뿐 아니라 송, 일본, 여진 등 다른 나라에서 온 사신과 상인 들도 참석했어요. 팔관회에 참석했던 한 송나라 사신은 이런 기록을 남겼어요.

의식이 매우 성대하다. 왕과 왕비가 함께 누각에 올라 풍악을 울리고 연회를 베푼다. 온 나라 사람들이 음식을 먹고 마시며 즐긴다. 상인들이 비단으로 장막을 만들었는데, 그 길이가 100필이 넘어 매우 화려하다.

고려의 관리와 마찬가지로 각 나라의 사신들도 임금에게 인사를 올렸어요. 임금은 사신들의 인사를 받고 나서 음식과 약, 술, 꽃 같은 선물로

답례를 해 주었지요. 이런 의식은 고려의 임금을 한층 돋보이게 했어요.

　중국은 스스로 '황제'의 나라라고 여기면서 주변에 있는 '왕'의 나라보다 더 우월하다고 생각했어요. 그래서 주변 나라에서 인사를 하러 오면 그 답례로 선물을 내려 주곤 했지요. 팔관회 때 고려의 임금이 사신들의 인사를 받고 선물을 내려 주는 의식은 중국의 이런 의식과 비슷했어요. 고려의 임금도 자신이 '황제'라고 생각했던 거예요.

　이는 팔관회 때 임금이 행차하는 길에 황제를 상징하는 색인 황색 흙, 즉 황토를 까는 것에서도 알 수 있답니다. 궁궐에서 쓰는 말도 왕이 아니라 황제가 쓰는 말들이었어요. 임금을 '전하'가 아니라 '폐하'라고 불렀고,

굴렁쇠를 굴리는 소년
어린이들이 나라의 중요한 행사에 주인공으로 참여하는 일은 요즘에도 있어요. 1988년 서울에서 열린 올림픽 개막 행사의 가장 중요한 장면도 바로 굴렁쇠를 굴리는 어린이였어요.

임금의 후계자를 '세자'가 아니라 '태자'라 불렀지요. 임금의 만수무강을 빌면서 '천세'가 아니라 '만세'를 외치기도 했어요.

　이처럼 팔관회는 임금의 권위를 높이고 주변 나라에 고려의 높은 위상을 과시하는 중요한 행사이면서도, 한편으로는 임금과 백성이 함께 즐기는 축제였어요. 평소와는 다르게 밤새워 거리를 돌아다니며 노는 것이 허락되었고, 어지간한 실수는 다 용서가 되었대요. 이런 축제를 즐기며 사람들은 고려를 자랑스러워하고 '우리는 고려인'이라는 자부심을 가졌겠지요.

　이런 중요한 축제를 이끈 주인공이 바로 선랑이었어요. 앳된 얼굴로 중요한 행렬을 이끄는 선랑의 모습은 그 자체로 흐뭇한 구경거리였어요.

굴렁쇠를 굴리는 소녀
2014년 인천에서 열린 아시안 게임 개막 행사에도 굴렁쇠를 굴리는 소녀가 등장했어요. 1988년 서울 올림픽 당시 굴렁쇠를 굴렸던 소년이 어엿한 청년으로 자라 굴렁쇠 소녀에게 굴렁쇠를 건네주었답니다.

고려 소녀 순강이네 가족 이야기

안녕, 친구들! 난 순강이야!

안녕? 내 이름은 최순강이야. 고려 시대에 살았던 여자아이란다. 오늘은 너희에게 우리 가족 이야기를 들려주려고 해. 고려 시대 가족들은 어떻게 살았을지 궁금하지 않니? 우리 가족 이야기를 들으면 고려 시대 사람들을 더 잘 이해할 수 있을 거야.

효자 아버지, 최루백

우리 아버지의 성함은 '최', '루' 자, '백' 자 최루백이라고 해. 아버지는 호랑이를 잡은 효자로 유명한 분이야. 아버지가 열다섯 살 때, 우리 할아버지께서 사냥을 나갔다가 호랑이에 물려 돌아가셨대.

아버지는 할아버지의 원수를 갚으려고 도끼를 메고 산으로 호랑이를 찾아갔어. 산속에서 호랑이 발자국을 발견한 아버지는 그 뒤를 밟아 호랑이를 발견하고는 도끼로 쳐서 죽였다고 해. 그리고 호랑이의 배를 갈라 그 안에 있던 할아버지의 뼈와 살을 꺼내어 장례를 치르고, 3년 동안 할아버지 무덤 옆에서 지내셨어. 어때, 대단하지? 이 놀라운 이야기는 조선 시대까지 전해져서 《삼강행실도》에도 실렸어.

오륜행실도의 누백포호
최루백의 이야기는 조선 시대에 쓰인 책에 나올 정도로 유명했어요.

아버지는 원래 수원 지방 낮은 관리의 아들로 태어나셨어. 그런데 이 일로 온 나라에 효자라고 이름을 떨쳤고, 나중에 과거 시험에도 합격해서 관리가 되셨어. 관리가 된 뒤에도 예의 바르고 충성스러울 뿐 아니라 청렴하게 생활하셨단다.

사리가 밝고 지혜로운 어머니, 염경애

고려 시대 여성 중에 이름을 남긴 경우는 거의 없어. 그렇다고 고려 시대 여성들에게 이름이 없었던 것은 아니야. 그저 아무개 공주나 아무개 왕후, 아무개 부인 같은 식으로만 전해지지. 물론 아주 드물기는 하지만 이름을 남긴 여성도 있는데, 우리 어머니가 바로 그렇단다. 우리 어머니 성함은 '염', '경' 자, '애' 자 염경애라고 해.

우리 어머니의 이름이 후대에까지 남게 된 것은 바로 어머니를 생각하는 아버지의 마음 때문이야. 아버지가 어머니의 무덤 묘지석에 어머니를 그리는 글을 새겼던 거야. 어머니를 향한 아버지의 마음이 절절히 느껴지

염경애 묘지석
죽은 아내를 생각하는 최루백의 마음이 담겨 있어요.
이 묘지석 덕분에 최루백 가족의 이야기가 지금까지도 전해지고 있답니다.

는 아름답고 슬픈 이 글 덕분에 어머니와 우리 가족의 이름이 알려지게 되었지.

　어머니는 개경의 이름난 귀족의 딸이었어. 학교를 다니지는 않으셨지만 가정 교육으로 베 짜는 법, 바느질, 요리, 예의범절을 익혔을 뿐 아니라 글도 읽고 쓸 줄 아셨다고 해. 어머니는 스물다섯 살에 아버지와 결혼했는데, 우여곡절이 있었나 봐. 어머니 집안은 개경의 명문 귀족인데 아버지는 지방 관리 집안 출신이었기 때문이지. 그래도 아버지가 효자로 널리 이름을 떨치고 과거에도 합격했기 때문에 결혼이 성사된 것 같아.

　어머니 집에서 결혼식을 치른 뒤 아버지는 어머니 집에 들어와 한동안 사셨어. 여자가 시집을 간 게 아니라 남자가 장가를 들어 처가에서 지낸 거지. 고려 시대에는 다들 그렇게 했대. 우리 남매도 대부분 외가에서 태어났어.

관리와 승려가 된 오빠들, 친정에서 지낸 언니

우리 형제는 4남 2녀이고 그중 나는 막내야. 첫째 단인, 둘째 단의, 셋째 단례 오빠는 모두 관리가 될 꿈을 품고 어릴 때부터 공부했어. 고려의 귀족 집안 어린이들은 대개 집이나 서당과 같은 곳에서 공부했어. 조금 커서는 나라가 지방에 세운 학교인 향교 아니면 절에서 공부했지. 절이 일종의 도서관이자 학교였고 스님이 선생님 역할을 한 거야. 수도인 개경과 서경에는 관리가 될 귀족 자제들을 가르치는 일종의 대학교인 국자감도 있었단다.

고려 초기에 과거 제도가 시작되면서 관리가 되기 위해서는 과거 시험을 통과해야 했어. 하지만 조상 중에 높은 관리가 있으면 그 자손들은 과거 시험을 보지 않고 관리가 되기도 했지.

넷째 단지 오빠는 스님이 되었어. 고려 때 스님이 되는 것은 관리가 되

개경의 국자감
고려에서는 개경과 서경에 국자감을 두어 관리를 양성했어요.
지방에는 향교를 세워 학생들을 가르쳤지요.

는 것만큼이나 명예로운 일이었단다. 너무 많은 사람이 스님이 되려고 하는 바람에 나라에서 "한 집에 세 아들이 있으면 그중 한 명만 열다섯 살에 승려가 되는 것을 허락한다."라고 할 정도였어. 존경받는 스님이 되고자 노력한 단지 오빠는 나중에 아버지의 부름을 받아 스님을 그만두고 벼슬을 했지.

언니와 나는 정식으로 글을 배운 적이 없어. 하지만 어머니는 우리가 집에서 배우도록 가르치셨지. 베 짜기, 바느질, 요리, 예의범절, 그리고 간단한 한문까지…….

큰딸인 귀강 언니는 나중에 '최국보'라는 관리에게 시집을 갔지만, 형부가 갑자기 죽어서 과부가 되어 집으로 돌아왔어. 조선 시대에는 남편이 죽어도 아내는 평생 시집에 남아야 했지만, 고려 시대에는 그렇지 않았어. 친정으로 돌아와 생활했을 뿐 아니라 좋은 사람이 나타나면 재혼도 할 수 있었어.

말이 나온 김에 좀 더 이야기하면, 조선 시대보다 고려 시대가 여자들이 살기에는 더 좋았던 것 같아. 집안 재산도 남자 형제와 똑같이 나누어 물려받았고, 제사에도 참여할 수 있었으니 말이야. 결혼할 때 여자가 가지고 간 재산은 자신이 따로 관리하는 경우도 많았어. 족보에도 남자 뒤에 여자를 기록하는 것이 아니라 태어난 순서대로 기록했고, 사위와 외손자 및 외손녀까지 기록했지.

하지만 여성이 사회생활을 할 수 없다는 점은 고려나 조선이나 마찬가지였어. 그저 남편이나 아들 뒤에 있어야 했지. 나처럼 꿈 많고 재능 있는 소녀에겐 정말 억울한 일이었어.

어려운 생활에도 단란한 가족

자, 이렇게 우리 가족 소개는 끝났어. 아참, 우리 집안 사는 얘기를 안 했구나. 우리 집 살림살이는 어땠을 것 같니? 관리 집안이니까 많은 땅과 노비를 거느리고 부족한 것 없이 넉넉하게 살았을 것 같다고 생각할 거야. 물론 고려 시대에 이름 높은 귀족들은 아주 사치스럽게 살았어. 많은 땅과 노비를 거느리고 있는데다가 나라에서 땅과 봉급을 받았으니 말이야.

하지만 우리 집안은 그렇지 못했어. 잘나가는 귀족 집안이 아니었기 때문이야. 늘 끼니를 걱정해야 하는 농민들처럼 쪼들리지는 않았지만, 넉넉하지는 못했어. 아버지가 관리가 되면서 받기 시작한 땅과 봉급은 우리 여덟 식구가 여유롭게 살기에는 부족했지. 그렇지만 어머니는 아버지께 늘 이렇게 말씀하셨대.

"당신은 공부하는 분이니 다른 일에는 신경 쓰지 마세요. 집안 살림을 보살피는 것은 제 일입니다. 비록 이리저리 애써 구해도 어려운 경우가 많지만요……. 나중에 당신이 봉급을 넉넉히 받아 집안 살림이 여유 있게 되더라도, 제가 가난을 막기 위해 애썼던 일을 잊지는 말아 주세요."

아마 어머니는 어려운 집안 살림을 꾸리려고 외가의 도움을 많이 받았던 것 같아. 결혼하면서 어머니가 가지고 온 재산도 살림에 보태셨을 거야. 하지만 어머니가 이렇게 노력해도 우리 살림이 다른 귀족 집처럼 여유롭지는 않았지.

그래도 부모님께서 서로 마음 깊이 사랑하고 존중하셨기에 우리 가족은 늘 평화롭고 화목했어. 부모님의 영향으로 남매들 사이의 우애도 깊었지. 행복은 재산으로 살 수 없다는 걸 난 일찍부터 배웠어. 지금도 어머니를 잃고 슬퍼하시던 아버지의 모습이 눈에 선해. 세상을 다 잃은 듯 슬퍼하시던 아버지. 그래도 아버지께서는 그 슬픔을 이기고 우리 남매를 꿋꿋이 키워 내셨지. 그리운 우리 아버지, 어머니…….

> 병이 더욱 나빠져 세상을 떠나니, 나의 슬픔이 어떻겠습니까? …… 당신을 정말 잊지 못할 것입니다. 아직 함께 무덤에 묻히지 못하는 일이 매우 슬플 뿐입니다.
> - 염경애의 묘지석 중에서

열 살에 결혼한 고려의 꼬마 신부

자, 아래의 사진을 한번 볼까요? 열 살 정도 되어 보이는 어린 남자아이와 여자아이가 같이 서 있네요. 그런데 옷차림을 보니 결혼한 남녀 같아요. 남자아이는 갓을 쓰고 여자아이는 쪽진 머리를 하고 있으니까요. 이 사진은 어린 신랑, 신부의 사진이에요.

옛날에는 이 사진처럼 아주 어린 나이에 결혼하는 아이가 무척 많았어요. 꼬마 신랑, 꼬마 신부인 거지요. 이런 풍습은 언제, 어떻게 시작된 걸까요?

어린 신랑 신부
조선 후기까지도 일찍 결혼하는 풍습인 조혼이 유행하여 열두세 살쯤 결혼하는 경우가 많았대요.

원나라에 공녀로 보내진 고려의 소녀들

칭기즈 칸이 세운 몽골 제국에 대해 들어 봤나요? 몽골은 역사상 세계에서 가장 넓은 영토를 차지했던 대제국이에요. 한때 유라시아 대륙의 거의 대부분을 정복했으니까요. 불행히도 고려 역시 몽골 제국의 침략을 받았어요. 고려는 강화도로 수도를 옮기며 40년 동안이나 세계 최강의 몽골군에 대항했어요.

하지만 결국 몽골 제국의 요구를 받아들여 화친을 맺고 전쟁을 끝낼 수밖에 없었어요. 몽골 제국은 원나라로 이름을 바꾸었고, 계속해서

몽골 제국의 영토
칭기즈 칸은 몽골을 통일하고 인류 역사상 가장 넓은 대제국을 세웠어요.

■ 몽골 제국의 영토

고려에 이런저런 요구와 간섭을 했답니다.

그중에는 공녀를 바치라는 요구도 있었어요. 원나라의 궁녀로 일할 처녀를 골라 바치라는 거예요. 이런 요구는 처음엔 1년에 두 번씩, 나중에는 2년에 한 번씩 계속되어 총 50여 번이나 이어졌어요. 한 번에 40~50명의 고려 처녀들이 공녀로 끌려가야 했지요.

그러니 여자아이를 둔 부모들은 혹시나 자기 아이가 공녀로 끌려가지 않을까 늘 마음을 졸여야 했어요. 어떻게든 공녀를 바쳐야만 했던 고려는 따로 관청을 두어 공녀로 보낼 처녀를 선발했어요. 충렬왕 때는 이런 명령까지 내렸대요.

> 열세 살 이상, 열여섯 살 미만의 처녀는 마음대로 결혼하지 못한다. 반드시 관청에 신고하여 왕에게 보고한 다음 허락을 받아 결혼하도록 하라. 이를 위반하면 처벌하겠다.

공녀를 피하고자 생겨난 조혼 풍습

이런 판국이니 원나라 사신이 온다는 소식이 들릴 때마다 여자아이가 있는 집은 불안에 떨어야 했지요.

"이번엔 또 몇 명이나 공녀로 끌려갈까? 혹시나 우리 딸이 끌려가는 건 아닐까?"

이 때문에 고려 사람들은 딸을 낳으면 비밀에 부쳐 다른 사람이 모르도록 쉬쉬할 정도였어요. 열세 살이 되기 전에 결혼시키는 것도 한 방법이었어요. 그래서 일찍 결혼하는 '조혼' 풍습이 생겨난 거지요. 심지어 어릴 때 머리를 깎고 스님으로 출가시키기도 했답니다.

　나라에서도 이런 실정을 알고 집집마다 관리와 군사를 보내 샅샅이 뒤졌어요. 여자아이를 숨겼다가 들키면 그 집의 이웃을 벌하고, 친척까지 채찍질을 했어요. 이러니 원나라 사신이 오면 온 나라가 불안에 떨고 개와 닭조차 편안하지 못했다고 해요.

　이렇게 찾아낸 처녀들을 모아 놓고 최종적으로 공녀를 선발했어요. 공녀를 뽑는 기준은 외모뿐이 아니었어요. 사신에게 뇌물을 많이 주면 예뻐도 면제가 되지만, 그러지 않으면 공녀가 되는 경우가 많았지요. 사신들은 뇌물을 많이 받으려고 공녀 한 명을 뽑는데도 수백 집을 수색했고, 수백 명의 처녀를 모았어요.

공녀로 끌려간 홍규의 딸

철도 들기 전에 낯선 외국 땅으로 끌려간 아이들의 마음은 얼마나 불안하고 막막했을까요? 이 아이들은 자신의 앞날에 어떤 일이 펼쳐질지 알고나 있었을까요? 귀하게 키운 딸을 먼 외국 땅으로 보내고 생이별을 하게 된 부모의 심정도 이루 말할 수 없었을 거예요. 딸을 공녀로 보내게 된 부모들은 아이를 국경까지 배웅하면서 옷자락을 잡고 늘어지거나 길을 가로막고 엎어져 고래고래 소리 지르며 통곡했어요.

　"아이고, 아이고, 가여운 우리 딸. 못 간다, 못 가. 이놈들, 차라리 나를 데려가라!"

　그중에는 분함을 이기지 못하고 우물에 빠져 스스로 목숨을 끊거나 피눈물을 쏟아 눈이 먼 부모님도 있었어요.

홍규라는 사람에게도 공녀가 될 나이의 딸이 있었어요. 홍규는 딸이 공녀로 뽑히는 일을 막으려고 관리들에게 뇌물을 바쳤어요. 하지만 뇌물이 적었는지 딸이 공녀로 선발되고 말았지요. 홍규는 딸을 빼내기 위한 마지막 수단으로 딸의 머리카락을 잘라 버렸어요. 그런데 그만 이를 들키고 말았어요.

충렬왕의 왕비인 제국 대장 공주는 이 소식을 듣고 크게 화를 냈어요. 당시 고려의 왕은 원나라 공주와 결혼해야 했어요. 제국 대장 공주도 원나라의 공주였던 거예요. 왕비는 홍규를 가혹하게 처벌하고 재산까지 빼앗아 버렸어요. 또한 그 딸을 가두고 심문했지요.

"네 아비는 어찌하여 나라의 명령을 어기고 너를 공녀로 바치지 않으려 이런 짓을 저질렀느냐?"

"제가 스스로 잘랐기 때문에 아버지는 알지 못합니다. 제발 저를 벌하고 아버지는 풀어 주십시오."

왕비는 이 말을 듣고는 더욱 화가 나서 홍규의 딸을 땅바닥에 넘어뜨리고 쇠몽둥이로 마구 때렸어요. 하지만 그녀는 끝까지 자기 스스로 머리카락을 잘랐다고 말했지요.

원나라 황후가 된 고려 공녀, 기황후

원나라로 끌려간 고려의 공녀들은 대부분 원나라 궁궐에서 궁녀로 일하거나 높은 관리의 시녀가 되었어요. 말도 안 통하고 풍속도 다른 원나라에서 고려 소녀들은 하루하루 힘든 생활을 해야만 했지요. 힘이 들수록 눈물로 이별한 부모님이 더 그리워졌을 거예요.

소녀들은 궁궐 뜰에 상추를 길러 상추쌈을 해 먹거나, 떡을 빚어 먹으며 고국을 향한 그리움과 슬픔을 달래곤 했어요. 이를 본 원나라 사람들은 고려의 풍습을 따라 했답니다. 특히 상추쌈 맛에 반해 "해당화는 꽃이 붉어 좋고, 살구는 누래서 보기 좋구나. 하지만 더 좋은 것은 고려의 상추로, 표고버섯 향기보다 그윽하네."라고 극찬했어요.

원나라 궁궐에서 궁녀로 일하던 고려 여인 중에 기씨 집안의 딸이 있었어요. 이 여인은 황제에게 차 따르는 일을 했대요. 매일 차를 마시며 이 여인을 눈여겨보던 원나라 순제는 마침내 기씨를 후궁으로 들였어요. 순제의 사랑을 받은 기씨는 아들까지 낳았고, 여러 경쟁자를 물리치고 황후의 자리에까지 올랐지요. 이 여인이 '기황후'예요.

기황후의 아들이 태자로 정해지면서 기황후의 지위는 더욱 탄탄해졌어요. 공녀 출신의 기씨가 황후가 되자 고려에 대한 원나라의 공녀 요구는 거의 사라졌어요. 아마 공녀의 슬픔을 잘 아는 기황후가 황제를 설득하지 않았을까요?

한편 기황후의 오빠들은 황후가 된 동생을 등에 업고 고려에서 권력을 마음대로 휘둘렀어요. 특히 큰오빠 기철의 힘은 하늘을 찌를 듯했지요. 고려에 멋대로 간섭하는 원나라, 그 나라의 황후가 누이니 고려의 왕인들 무서웠겠어요? 그런 기철의 주위에는 아부하고 뇌물을 바치는 사람이 몰려들었고, 기철은 금방 큰 재산을 모았어요.

하지만 이런 호사는 오래가지 못했어요. 원나라의 힘이 점점 약해졌기 때문이에요. 당시 중국에서는 주원장이라는 사람이 명나라를 세워 원나라를 몰아세우고 있었어요. 원나라가 이렇게 약해진 틈을 타 고려에서도 원나라의 간섭에서 벗어나려는 움직임이 크게 일어났지요.

　공민왕은 고려의 자주성을 되찾으려 개혁을 추진하면서 기철과 그 일당을 처단했어요. 이 소식을 들은 기황후는 크게 화가 나 고려에 군대를 보내 공민왕을 끌어내리려 했어요. 하지만 원나라가 예전 같지 않았기 때문에 이런 시도는 실패로 돌아갔지요.

　결국 원나라는 명나라에 내몰려 중국 본토를 빼앗기고 원래 자신들의 터전인 몽골 초원으로 물러나 '북원'이라는 이름으로 겨우 나라를 이어 갔어요. 기황후도 북원으로 이동했는데, 이후에 어떻게 살았는지는 알려지지 않았어요.

조선으로 이어진 조혼 풍습

열 살 남짓 어린 나이에 결혼하는 조혼 풍습은 이와 같이 원나라의 공녀 요구를 피하기 위해 생겨난 거예요. 그런데 이런 풍습은 원나라의 간섭이 사라진 조선 시대에도 이어졌어요. 한번 자리 잡은 풍습은 쉽게 바뀌지 않는데다가 명나라에서도 공녀를 요구했기 때문이지요.

하지만 사춘기도 지나지 않은 어린아이가 결혼을 하면 아무래도 여러 어려움이 있겠지요? 그래서 남자는 열다섯 살, 여자는 열네 살 이하는

현재까지 남아 있는 몽골(원나라)의 풍습
고려에도 원나라 풍습이 들어왔어요. 신부가 족두리를 쓰고 댕기를 드리며 연지로 장식하는 풍습이나, 고기를 삶아 먹는 설렁탕, 소주를 만드는 도구인 소줏고리 등이 현재까지 남아 있지요.

소줏고리 설렁탕 족두리 댕기

결혼을 금지하는 법이 만들어지기도 했어요.

　그런데 이 법을 조금 더 생각해 보면, 열여섯 살이 넘으면 결혼할 수 있었다는 뜻이에요. 열여섯 살이면 결혼을 해도 될 만큼 충분히 어른이라고 생각했던 거지요. '이팔청춘(2×8=16)'이라는 말도 그래서 생겨났어요. 《춘향전》의 주인공인 이몽룡과 성춘향이 사랑을 나누었던 나이도 열여섯이었어요. 하지만 실제로는 법과 달리 열 살 무렵에 결혼하는 경우가 흔했어요.

　그러고 보면 요즘 우리는 너무 오랫동안 '아이'로 지내는 것은 아닐까요? 조금 더 의젓하고 책임감 있는 어린이가 되어야겠어요. 옛날 같으면 결혼도 했을 나이잖아요!

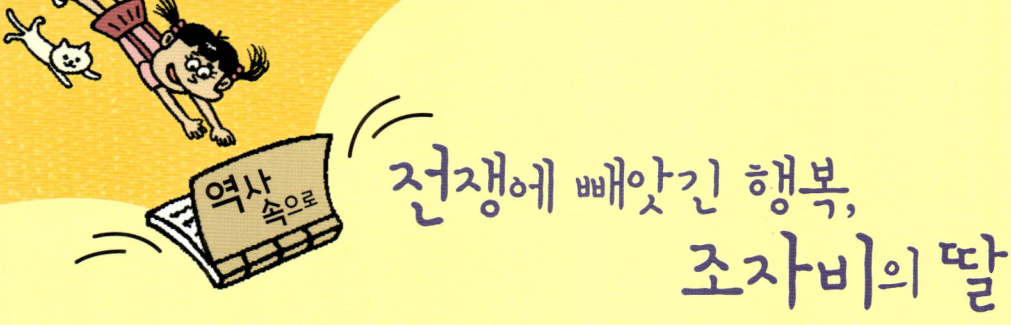

역사 속으로 - 전쟁에 빼앗긴 행복, 조자비의 딸

고려는 오랜 전쟁 끝에 결국 원나라와 화친을 맺었어요. 하지만 화친을 반대하고 끝까지 싸우자고 나선 사람들도 있었어요. '삼별초'라는 군인들이었지요. 이들은 원나라에 맞서려고 강화도에서 진도로 근거지를 옮기기로 했어요.

1270년, 삼별초 군대를 싣고 진도로 향하던 1000척의 배 가운데 한 척에는 여섯 살 여자아이 한 명이 타고 있었어요. '별장'이라는 낮은 계급의 장교, 조자비의 딸이었어요. 일찍이 아내와 이별한 조자비는 딸을 따로 맡길 데가 없어 진도까지 데려가야 했던 거예요.

두 달 만에 진도에 도착한 삼별초군은 성을 쌓고 새로운 왕을 세워 원나라와 한편이 된 고려에 맞섰어요. 물론 고려와 원나라 정부는 이를 그냥 두고 보지 않았지요.

1271년, 고려와 원나라 연합군이 진도로 쳐들어왔어요. 삼별초군은 이에 맞서 싸웠지만 딸과 함께였던 조자비는 고민 끝에 고려군에 항복했어요. 딸과 함께 개경으로 돌아와 평범하게 살아가려 했거든요.

하지만 세상은 그들을 내버려 두지 않았어요. 삼별초군이 탐라(제주도)로 이동해 전쟁을 계속하자 고려군은 삼별초의 사정에 밝은 조자비를 다시 불러냈고, 관군이 되어 제주도로 간 조자비는 결국 1273년 겨울, 제주도에서 죽고 말았어요. 아직 어린 딸을 남겨 둔 채 말이에요.

조자비의 딸은 갑작스럽게 아버지를 잃고 그만 고아가 되고 말았어요. 그녀는 열세 살에 한씨와 결혼했는데, 남편도 군인 집안이었어요. 결혼한 지 얼마 되지 않아 한씨의 아버지, 그러니까 그녀의 시아버지가 원나라군과 함께 일본 원정에 참여하게 되었어요. 삼별초군을 진압한 원나라는 뒤이어 일본을 정복하려 했고,

이 전쟁에 고려군도 끌어들였기 때문이에요.

　1274년, 고려와 원나라의 연합군이 일본 땅에 배를 댔지만, 일본의 거센 저항에 밀려 다시 배로 돌아왔어요. 그런데 그날 밤 태풍이 몰아쳐 수많은 배가 부서져 연합군은 후퇴했고, 시아버지는 이 과정에서 목숨을 잃고 말았어요. 이렇게 조자비의 딸은 아버지와 시아버지를 모두 전쟁으로 잃은 거지요.

　그녀는 이런 어려움 속에서도 열심히 살아갔고 딸도 낳았어요. 그런데 또 전쟁이 일어났어요. 1290년, 원나라 반란군이 충주까지 쳐들어온 거예요. 고려는 이에 맞서려고 급히 군인을 모았는데, 그때 그녀의 남편도 끌려갔어요. 남편은 이 전쟁에서 목숨을 잃고 말았어요.

　아버지, 시아버지에 이어 남편까지 전쟁에 빼앗기다니……. 그녀는 너무 슬펐지만 딸을 키우는 데 온 힘을 바쳤어요. 그녀의 정성 덕분에 딸은 잘 자라 결혼했고, 아들과 딸을 한 명씩 낳았어요. 하지만 가혹한 운명은 여기서 끝나지 않았어요. 그 소중한 딸이 아이들을 남겨 두고 먼저 세상을 떠나고 말았어요. 결국 조씨는 강한 의지로 손자, 손녀를 키우면서 여든 살이 넘게 살았다고 해요.

　이렇게 원나라와 오랜 전쟁을 겪고 원나라의 간섭을 받으면서 억울하게 죽거나 잡혀간 사람은 무척 많았어요. 전쟁은 사람들의 삶을 마구 망가뜨렸지요. 고려 사람들은 자기 자신과 가족들을 지키려고 이런 불행한 현실과 힘겹게 맞서 싸웠어요. 이런 끈질긴 힘이야말로 고려를 지켜 낼 수 있었던 원동력이 아닐까요?

나라를 다스린 조선의 어린 왕들

1469년 겨울, 예종의 병이 더욱 깊어졌어요. 신하들은 예종의 뒤를 이을 새로운 왕을 정해야 한다는 생각에 마음이 급해졌답니다. 예종의 아들은 이제 겨우 세 살이었거든요. 신하들은 왕실의 어른인 대비 마마에게 달려가 새로운 임금을 정해 달라고 했어요.

"왕자는 아직 포대기 안에 있고, 월산군은 지병이 있다. 자산군은 비록 나이가 어리지만 세조께서 그 기상이 태조와 닮았다고 칭찬하셨으니, 그를 왕으로 삼으면 어떻겠는가?"

"지극히 마땅하십니다."

이렇게 해서 자산군 이혈이 열두 살의 어린 나이로 왕위에 올랐어요. 바로 성종이지요.

열두 살에 왕이 된 소년, 이혈

조선 시대에는 이렇게 어린 나이에 왕위에 오르는 경우가 꽤 많았답니다. 열여덟 살 이전에 왕위에 오른 임금만 해도 여덟 명이나 되지요. 조선 후기 헌종 같은 경우는 겨우 여덟 살에 왕이 되었어요.

자산군 이혈은 세조의 손자예요. 세조는 어린 조카 단종을 몰아내고 왕이 된 인물이지요. 권력 욕심도 많고 의욕도 넘쳤답니다. 그런데 왕위를 물려주려 했던 큰아들 의경세자가 일찍 죽고 말자 둘째 아들에게 왕위를 물려주었는데, 그가 바로 예종이에요. 그러나 예종마저 일찍 세상을 떠나 버렸지요.

결국 신하들과 대비의 뜻에 따라 자산군 혈이 왕위에 올랐어요. 혈의 형 월산군은 병이 있어서 왕이 되지 못했지요. 하지만 사실 둘째인 혈이 왕위에 오를 수 있었던 이유는 세조 때부터 최고의 권력을 누렸던 한명회가 혈의 장인이기 때문이에요. 혈은 열 살에 한명회의 딸과 결혼했어요. 이렇게 성종은 자기 뜻과 상관없이 어른들의 결정으로 하루아침에 왕이 되었답니다.

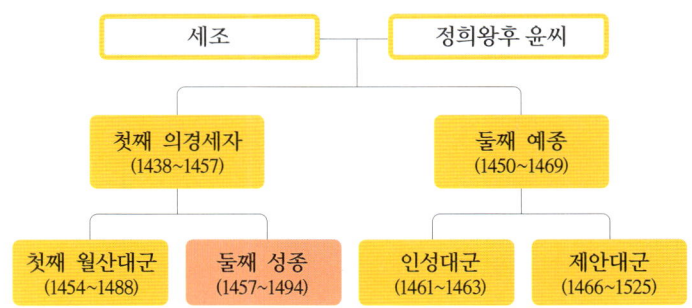

성종의 가계도
성종은 아버지와 작은아버지가 일찍 세상을 떠나자 장인 한명회의 힘을 얻어 왕위에 올랐어요.

어린 왕의 하루 일과

왕이 된 성종은 어떻게 지냈을까요? 왕이니 자기 마음대로 신나게 지냈을 것 같나요? 하지만 조선 시대 왕은 그렇게 만만한 자리가 아니었답니다.

　왕의 하루는 새벽 5시부터 시작돼요. 간단히 죽으로 배를 채우고 옷을 갖춰 입은 뒤, 할머니와 어머니 등 왕실의 어른들께 문안 인사를 드리러 가지요. 그리고 나서는 아침 공부를 해야 해요.

　왕은 아침·점심·저녁 하루 세 번 신하들과 함께 유교 경전을 읽으며 공부하는데, 이를 '경연'이라고 한답니다. 아침 경연을 마치면 아침 식사를 하고 식사를 마친 뒤엔 신하들과 조회를 해요. 그날 해야 할 중요한 일을 의논하는 거지요. 조회가 끝나면 각 부서 신하들과 만나 나랏일을 처리한답니다. 그러면 오전 시간이 휙 지나가지요.

점심을 먹고 잠깐 쉰 뒤에는 점심 경연을 하고, 다시 관리들을 만나 나랏일을 봐요. 해가 저물기 전에는 궁궐 수비를 점검하고 매일 암호를 정해 줘야 하지요.

그러고 나면 저녁 경연 시간이에요. 저녁 식사 뒤에도 왕실 어른께 나라의 중요한 일을 보고하고, 안녕히 주무시라는 문안 인사도 드려야 하지요. 밀려 있는 상소문을 읽고 답도 내려 줘야 하고요. 어떤 때는 밤 경연이 있기도 해요. 가끔 외국 사신도 만나고, 수시로 왕실의 제사도 지내야 하지요. 이렇게 힘든 하루 일과를 마치고 잠자리에 드는 시간은 대략 11시였어요.

어때요? 공부에 시달리는 요즘 학생들만큼이나 힘든 하루였겠지요?

왕과 신하가 함께 다스린 조선

조선은 왕이 다스리는 나라이지만 왕이 마음대로 다스릴 수는 없었어요. 나라를 세울 때부터 법을 정해 지키도록 했고, 나랏일은 항상 왕과 신하가 함께 의논해서 결정하게 되어 있었거든요. 하루 세 번이나 하는 경연도 단순히 유교 경전을 읽는 자리가 아니라, 왕과 신하가 함께 나랏일을 의논하는 자리였어요.

> 경연을 마치고, 강의를 했던 김유가 말했다.
> "황해도, 강원도, 평안도 등은 올해 토지 조사를 할 차례이지만 지난해에 가뭄이 너무 심해 백성들이 힘들어할 수 있습니다. 풍년이 들기를 기다렸다가 토지 조사를 하도록 해 주시옵소서."
> 하니 임금이 재상들에게, "토지 조사를 하면 정말 어려움이 있겠는가?"라고 물었다. 이에 정창손이 말했다.
> "우선 준비는 해 뒀다가 올가을 풍년, 흉년 여부를 봐서 실시하는 것이 좋겠습니다."
>
> -《조선왕조실록》 성종 11권, 1471년(성종 2) 7월 14일 첫 번째 기사

조선왕조실록
조선 시대에는 나라 다스리는 모든 일을 기록으로 남겼어요. 왕이 죽으면 그 왕 때의 기록을 정리해 실록으로 펴냈지요.

이렇게 신중하게 내려진 결정조차 비판받는 경우가 많았어요. 지방 양반들은 상소를 올려 왕과 나랏일에 온갖 쓴소리를 늘어놓았지요. 왕은 이런 상소를 무시할 수 없었어요. 지방 양반들의 도움 없이는 나라를 제대로 다스릴 수 없었기 때문이지요.

성종은 왕위에 오를 때 불과 열두 살밖에 안 된 소년이었어요. 대범하고 똑똑했다고는 하지만, 신하들을 능수능란하게 다루고 부리며 정치할 수 있는 나이는 아니었지요. 결국 성종이 어른이 될 때까지 할머니이자 왕실의 최고 어른인 대왕대비가 나랏일을 대신 결정해 주었답니다.

어린 나이에 왕위에 오른 경우에는 이렇게 어머니나 할머니가 왕의 뒤에 앉아 정치를 대신해 주었어요. 이를 '수렴청정'이라고 하지요. 하지만 왕실의 어른이라고 해도 정치는 잘 모르는 경우가 많았어요. 그렇다 보니 집안 친척들에게 의존하거나 영의정, 우의정, 좌의정 같은 재상들에게

의견을 물어 일을 처리했어요. 성종도 8년 동안이나 할머니와 신하들의 말을 들으며 왕 노릇을 해야 했지요.

경연에 열심이었던 소년 왕

사춘기에 접어들어 한창 하고 싶은 것도 많을 나이에 할아버지뻘 되는 신하들에 둘러싸여 매일 공부하고 나랏일을 의논하며, 할머니가 일러 주는 말씀을 듣고 나랏일을 결정해야 하는 생활이 어린 성종은 과연 즐거웠을까요?

그러고 보면 성종은 엄청 착하고 어른 말을 잘 듣는 소년이었던 것 같아요. 그렇게 힘든 생활을 용케 견뎌 냈으니 말이에요. 경연에 빠지지 않고 꼬박꼬박 참석한 것만으로도 성종이 얼마나 성실했는지 알 수 있지요. 《조선왕조실록》에서 '경연'이란 단어를 찾아보면, 성종 때 무려 4416

도심 한복판에 있는 선릉
성종은 왕이 된 지 25년 만인 서른여덟 살에 세상을 떠났어요. 성종의 무덤은 선릉이고 서울의 선릉역은 성종의 무덤 이름을 딴 것이에요.

건의 기사가 나온답니다. 이런저런 핑계로 경연을 빼먹기 일쑤였던 다른 왕들에 비하면 놀라운 기록이에요. 심지어 신하들이 여름에 날씨가 너무 더우니 점심 공부를 쉬자는 건의를 올렸는데, 성종은 이를 거절했다고 해요.

조선의 통치 기반을 완성시킨 성종

그렇게 힘든 세월이 지나고, 성종은 드디어 스무 살 어른이 되어 나랏일을 직접 결정할 수 있게 되었답니다. 청년 성종은 오랜 왕위 수업 기간 동안 배운 지식과 경험을 토대로 안정적으로 조선을 다스렸어요. 그리고 나라의 기본이 되는 여러 가지 제도를 완성시켰지요. 나라를 다스리는 기본 법전인 《경국대전》이 대표라 할 수 있어요. 그래서 죽고 난 뒤 '성종'이라는 이름을 얻었지요. 임금이 죽은 뒤 살아 있는 동안의 업적을 기리어 이름을 붙이거든요. 어렵고 힘든 소년 왕 시절을 성실히 참고 견딘 끝에 얻은 결실이었어요.

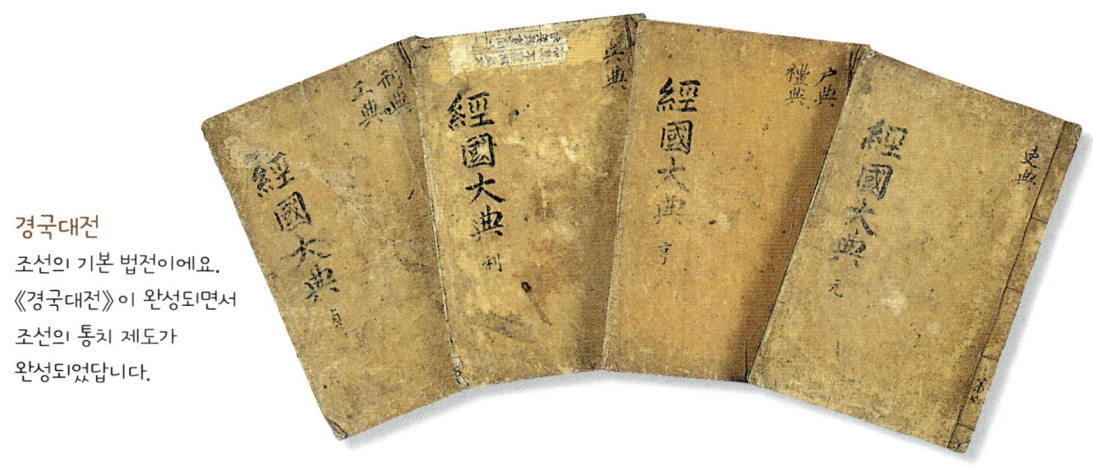

경국대전
조선의 기본 법전이에요.
《경국대전》이 완성되면서
조선의 통치 제도가
완성되었답니다.

열두 살에 장원 급제를 한 조선의 천재 소년, 이이

"인저야, 눈을 떠 보거라."

"으음…… 헉, 누구십니까?"

"나는 규성이라는 별의 신선이니라. 네가 요즘 과거 공부를 열심히 하는 것을 보고 기특하여 찾아왔느니라."

"규성님, 제 나이 벌써 스물두 살. 나름 열심히 공부해 왔다고 자부합니다만 세 번이나 낙방을 하고 보니 이번 시험도 영 자신이 없습니다."

"허허, 그래서 내가 오지 않았느냐? 너의 노력이 나에게까지 알려졌으니 이번 과거에는 꼭 합격할 것이야."

"예? 그것이 정말입니까? 감사합니다. 감사합니다, 규성님!"

이인저는 이렇게 외치며 잠에서 깨어났어요. 꿈이었지만 마치 현실인 듯 생생했지요.

이인저는 어릴 때부터 글 짓는 실력이 뛰어나서 신동이라는 소문이 자자했어요. 공부도 열심히 해서 열네 살에 명문 사립학교에 들어가 글을 배우고 익혔답니다. 하지만 열여섯 살에 본 첫 과거에서 보기 좋게 떨어졌어요. 이후 재수, 삼수를 해도 계속 낙방하자 크게 실망하지 않을 수 없었지요. 그런데 이렇게 꿈에서 규성이라는 신선이 용기를 주었으니 얼마나 기뻤을까요? 마침내 그 꿈대로 과거에 합격하자 이인저는 '규성이 알려줬다.'는 뜻의 '규보'로 이름을 바꿨답니다.

고려 후기에 가장 뛰어난 문장가로 알려진 이규보는 몽골의 침입에 맞서 자랑스러운 우리 역사를 강조하고자 고구려를 세운 주몽 설화를 다룬 《동명왕편》을 지었어요. 그런 그에게조차 과거 시험은 힘들고 어려운 일이었답니다.

관리가 되는 좁은 문, 과거 시험

과거 시험으로 관리를 뽑기 시작한 것은 고려 때부터였어요. 조선 시대에는 과거 시험이 더욱 엄격해져서 관리가 되려면 모두 다섯 번이나 되는 시험을 통과해야 했지요.

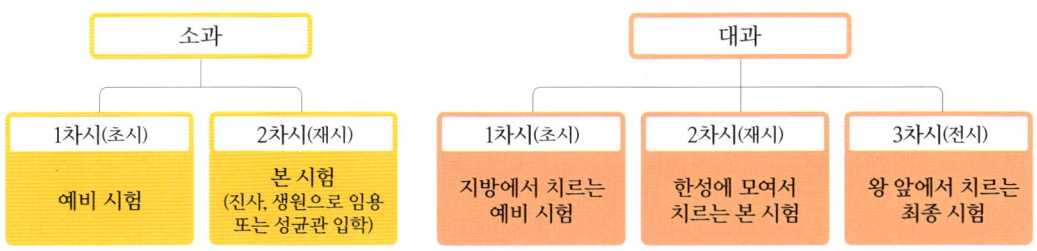

조선 시대 과거 시험의 종류와 절차
조선 시대에는 일반 관리를 뽑는 문과 시험 외에도 장수를 뽑는 무과 시험, 기술자를 뽑는 잡과 시험이 있었어요. 문과 시험은 크게 소과와 대과로 나뉘고, 소과는 다시 1차시와 2차시, 대과는 1차시, 2차시, 3차시로 나뉘었어요.

먼저 '소과'를 치러야 해요. 소과에서는 주로 유교 경전에 대한 지식이나 한문 글쓰기 능력을 시험했어요. 소과 1차 시험을 거쳐 2차 시험에 합격하면 진사 혹은 생원이 되고, 관리를 기르는 최고 학교인 성균관에 입학할 수 있었답니다.

성균관 유생과 소과 합격생은 진짜 관리를 뽑는 시험인 '대과'를 볼 수 있었어요. 대과는 다시 1차시, 2차시, 3차시로 나뉘었어요. 1차시와 2차시에서 합격자를 가린 뒤 임금 앞에서 3차시를 치러 등수를 매겼답니다.

원칙적으로 과거 시험은 3년에 한 번 치러졌고, 최종 합격자는 33명에 불과했어요. 그러니 과거에 합격하기가 쉽지 않았겠지요? 그래서 과거에

합격하면 임금이 직접 축하를 해 줬고, 합격자는 사흘간 거리 행진을 하고 고향에서 잔치도 벌였답니다.

세 살부터 시작한 조선의 조기 교육

과거 시험, 특히 대과 시험에는 어떤 문제가 나왔을까요? 대개 나라의 중요한 문제와 관련하여 해결책을 쓰도록 하는, 일종의 논술 문제가 나왔어요. 예를 들면 "공자께서는 이렇게 말씀하셨다……. 그대가 공자라면 지금 이 나라를 어떻게 다스리겠는가?", "나라를 다스리는 근본은 훌륭한 인재를 구하는 것이다. 역사를 살펴보면…… 그대라면 인재를 어떻게

구할 것인가?" 하는 식이었지요. 문제에 맞는 답을 쓰려면 유교 경전과 해설서를 줄줄 외우고 우리나라와 중국의 역사를 적절히 인용하며, 한문을 자유자재로 구사할 뿐 아니라 글씨도 잘 써야 했어요.

양반집 자제들은 과거에 합격하려고 아주 어릴 때부터 공부에 집중했답니다. 서너 살이면 '하늘 천, 땅 지'를 외우며 한자 공부와 글씨 쓰기를 시작하고, 대여섯 살부터는 《명심보감》 같은 기초적인 유교 도덕을 익혔지요. 열 살이 넘어가면 《논어》와 《맹자》 같은 유교 경전을 읽기 시작했고, 더 나이가 들면 경전 해설서나 여러 역사책을 공부했어요. 과거에 합격할 때까지 이렇게 계속 공부했으니 양반집 자제들은 평균 30년 이상 공부하는 셈이었답니다.

천재 소년 이이와 그의 어머니 신사임당

"이번 과거 시험 소과 장원이 겨우 열세 살이라며?"

"그렇다는군. 벌써 소문이 자자해."

1548년(명종 3)에 치러진 과거 시험 결과는 사람들을 깜짝 놀라게 했어요. 열세 살짜리 소년이 장원이었기 때문이에요. 조선 시대 과거 합격자의 평균 나이는 서른다섯 살 정도였고, 여든이 넘는 합격자도 있었지요. 그런데 비록 소과 1차시라고는 하지만 열세 살에, 그것도 장원으로 합격했으니 얼마나 놀라운 일이었겠어요?

그 천재 소년이 이이랍니다. 이이의 어머니가 누구인지 아나요? 바로 신사임당이에요. 어머니 신사임당의 교육 덕분인지 이이는 어릴 때부터 천재로 소문이 났지요.

이이가 세 살 때 외할머니가 석류를 보여 주면서 물었어요.

"이게 뭐 같으냐?"

"석류 껍질이 부서진 빨간 구슬을 싸고 있습니다(石榴皮裏碎紅珠)."

"허허, 세 살밖에 안 된 꼬마가 옛 한시를 인용해 말하다니 기특하구나."

이렇게 이이는 말도 제대로 못 할 나이에 어려운 한자와 한시까지 알았답니다.

이이는 열세 살에 소과 1차시에 장원으로 합격했지만 관직만 탐하는 것은 옳지 않다고 생각해서 공부를 계속했어요. 이이는 학당이나 향교, 서원 같은 학교에 입학하지 않고 부모의 교육 아래 스스로 책을 보며 공부를 계속해 나갔지요.

하지만 이런 천재 이이에게도 시련은 있답니다. 열여섯 살 때 사랑하

신사임당의 그림
신사임당은 훌륭한 어머니일 뿐만 아니라 시와 그림에도 뛰어난 재능을 보였던 예술가였어요.
특히 그녀가 그린 풀과 벌레 그림은 매우 섬세하고 아름다워요.

는 어머니 신사임당이 돌아가신 거예요. 이이는 슬픔에 겨워 어머니의 무덤을 3년 동안 지키며 밤낮으로 통곡했어요. 조선 시대 사람들은 효를 최고의 가치로 여겨, 부모님이 돌아가시면 이렇게 3년간 무덤을 지키는 것을 당연하게 생각했어요. 이를 삼년상이라고 해요.

　삼년상을 마치고 열아홉 살이 된 이이는 인생이 덧없다는 생각에 금강산으로 들어가 불교를 공부했어요. 그런데 조선 시대에는 불교를 천하고 그릇된 종교로 여겼어요. 세상과의 인연을 끊으라는 불교의 가르침은 임금과 신하, 부모와 자식 사이를 갈라놓는다고 생각한 거예요. 이 세상에서 한 일에 따라 다음 세상에 다른 모습으로 다시 태어난다는 불교의 윤회 사상도 헛되고 잘못된 것이라고 여겼답니다.

　결국 이이는 1년 만에 불교 공부를 그만두고 서울로 돌아왔어요. 하지

만 잠시나마 불교를 공부했다는 사실은 이이가 두고두고 사람들에게 공격당하는 꼬투리가 되었지요.

조선 유학의 두 거장, 이황과 이이

서울로 돌아온 이이는 스물한 살 때 다시 소과 2차시를 봐서 장원 급제했어요. 스물두 살에 결혼한 이이는 그 이듬해인 스물세 살 때 대학자로 소문난 퇴계 이황을 찾아갔어요. 환갑을 앞둔 노학자 이황은 새파랗게 젊은 이이를 극진히 대접했고, 둘은 유학에 대해서 열띤 토론을 벌였답니다.

이이는 바로 그해, 나라에 경사가 있을 때 보는 특별 과거 시험에 응시하여 장원 급제했어요. 이때 이이가 써낸 답안지의 글이 빼어나다는 사실은 중국에까지 알려질 정도였지요. 이이는 이후에도 공부를 계속하다가 스물아홉 살에 마침내 관직에 나아갈 결심을 굳혔어요.

'잘못된 정치 때문에 시달리는 백성을 구하고 나라를 바로잡으려면 관직을 피할 수 없겠구나. 현실을 외면하고 내 공부만 고집할 수는 없지.'

이이는 관직에 나아가려고 소과 1차시부터 다시 시험을 봐 장원 급제했고, 2차시에도 높은 성적으로 합격했답니다. 이후 대과 1차시, 2차시, 3차시에서 모두 장원 급제하는 놀라운 성적을 거뒀지요. 이이는 열세 살 때부터 모두 아홉 번이나 장원 급제를 했기 때문에 '구도장원공(九度壯元公)'이라는 별명도 얻었답니다. 이이는 이렇게 화려한 성적으로 주변의 기대를 한 몸에 받으며 관직 생활을 시작했어요.

관직에 오른 이이는 조선의 현실을 잘 살펴 개혁을 이루려 했어요. 당시 관리와 양반들은 나라를 다스리는 방식을 둘러싸고 동인과 서인으로 나뉘었는데, 이이는 이들을 화해시키려고 노력했답니다. 하지만 이이의 노력에도 불구하고 동인과 서인의 대립은 더욱 심해졌고, 이이의 의견이 받아들여지지 않는 경우가 많았어요. 그러자 이이는 미련 없이 벼슬에서 물러났어요.

이황과 이이
이황은 조선의 유학을 한 단계 높인 훌륭한 유학자예요. 이이와 달리 관직에 나오지 않고 공부에만 열중했어요. 이이는 동인과 서인의 대립을 풀기 위해 애썼답니다.

이이는 나중에 임금의 부름을 받아 관직에 복귀해서 오늘날 국방부 장관에 해당하는 병조 판서가 되었어요. 이이는 군대를 강화하고 전쟁에 대비해야 한다고 주장했지만, 평화로운 때에 군대를 키우는 것은 백성을 괴롭히는 일이라며 반대하는 관리가 많았지요. 결국 이이의 걱정대로 10년이 채 지나지 않아 임진왜란이 일어났답니다.

역사 속으로 성균관에 귤이 내려온 날

오늘은 성균관이 아주 떠들썩해요. 임금님이 성균관에 특별 선물로 제주에서 올라온 귀한 귤을 보내 주셨거든요. 유생과 하인들은 서로 먼저 귤을 받겠다고 난리가 났어요. 평생 한 번 구경하기도 힘든 귤이니 그럴 만도 하지요.

그런데 도가 좀 지나쳤나 봐요. 장차 관리가 될 유생들이 그깟 귤을 먼저 차지하겠다고 다투는 것은 부끄러운 일이라며, 조정에서 벌을 내려야 한다는 이야기가 나왔대요.

성균관은 관리를 길러 내는 조선 시대 최고의 학교였어요. 요즘으로 치면 국립 대학교 같은 거지요. 성균관의 정원은 150~200명이고, 원칙상 모두 기숙사 생활을 했답니다. 성균관 유생들은 기숙사 대표를 뽑고, 스스로 생활 규칙도 정

해 지켰어요. 이들은 아침과 저녁 식사 때마다 식당에 있는 출석부에 표시를 했는데, 300번 넘게 출석해야 과거 시험을 볼 수 있었어요. 매월 시험을 봐서 성적순으로 과거 시험 자격을 주기도 했답니다. 나라에서는 장차 나라를 이끌어 갈 인재를 아끼는 마음에 성균관에 토지와 노비, 책 등을 내려 주고 귤 같은 특별 선물을 내리기도 했어요.

성균관 학생들이 조용히 공부만 한 것은 아니에요. 나라에서 일을 잘못하고 있다고 생각하면 이에 항의하는 뜻으로 수업과 과거 시험을 거부하는 일도 벌였지요. 나라에서는 이런 유생들을 벌하기보다 달래려고 애썼답니다.

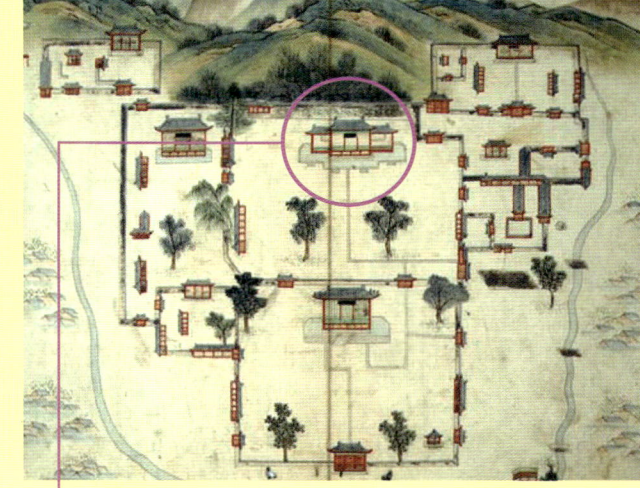

성균관 내부 배치도

성균관 명륜당
유생들은 성균관 중심에 있는 명륜당에 함께 모여 공부했어요. 명륜당 양쪽에는 기숙사인 동재와 서재가 있어 유생들은 그곳에서 생활했어요.

장애를 딛고 큰 업적을 남긴 조선의 아이들

"내 몸은 부모님에게 물려받은 것이니, 효도의 시작은 이 몸을 잘 지켜 다치지 않는 것이고……."

어느 무더운 여름밤, 창호지 밖으로 한 소년의 글 읽는 소리가 흘러나오고 있었어요. 소년의 아버지와 어머니는 그 소리를 들으며 아들을 대견해했지요. 하지만 한편으로는 마음이 편하지 않았답니다.

"착하고 공부도 열심인데…… 손만 멀쩡했다면 얼마나 좋았을까요?"

"그러게 말입니다. 저 불편한 손으로 책 넘기는 모습을 보면 마음이 너무 아파요."

"그래도 저렇게 꿋꿋이 글을 읽으니 얼마나 대견합니까?"

글을 읽는 소년의 이름은 권절이었어요. 권절에게는 장애가 있었답니다.

손가락 장애를 이겨 낸 권절

권절은 태어났을 때 엄지손가락을 뺀 나머지 손가락이 모두 붙어 있었어요. 부모님은 아이가 손을 조금이라도 쓸 수 있도록 붙은 손을 한 번 갈라 손가락을 만들어 주었어요. 하지만 그래도 손가락을 제대로 쓰기는 힘들었지요.

"멀쩡한 몸으로도 공부하기 힘든데, 장애를 가진 몸으로 어찌 살아갈지……."

양반집 아들이라면 누구나 열심히 공부해서 과거 시험을 보고 관직에 나아가는 것이 목표였어요. 권절은 손가락이 불편해 책을 집는 것도, 넘기는 것도 힘들었어요. 그래도 자신의 현실을 원망하지 않고 더욱 열심히 공부했지요.

"여보! 우리 절이가 드디어 과거에 합격했답니다!"

"날마다 밤잠을 아껴 가며 공부하더니…… 정말 장한 일입니다."

권절은 세종 때 나랏일을 시작해 집현전에서 일했어요. 이후 문종과 단종을 모셨지요. 권절은 성실하고 훌륭하게 관직 생활을 한 덕에 세종의 둘째 아들인 수양대군의 눈에 들었어요. 수양대군은 조카인 단종을 내몰고 왕이 될 생각을 품고 있었고, 권절을 자신의 음모에 끌어들이려고 했어요.

"여보게, 지금 임금은 나이가 너무 어려 나라를 제대로 다스리지 못하네. 왕이 강해야 나라도 강해지고, 그래야 백성들도 잘살지 않겠나?"

"무슨 말씀을 하시는 겁니까? 제가 나이가 많고 병까지 들어 잘 들리지 않습니다."

사육신을 모신 사당 의절사
단종에 대한 충성을 지키기 위해 세조를 몰아내려다 발각되어 죽은 여섯 명의 신하를 '사육신'이라고 해요. 권절처럼 살아서 절개를 지킨 신하는 '생육신'이라고 하지요.

 권절은 단종을 배신할 수 없었어요. 그래서 수양대군의 부름을 거절했지요. 하지만 결국 수양대군은 단종을 내쫓고 왕위에 올랐어요. 그가 바로 세조예요. 세조는 왕이 된 뒤에도 여러 번 권절을 불렀어요. 하지만 권절은 그때마다 병을 핑계로 한사코 거절했지요. 훗날 사람들은 권절의 절개를 높이 사 그를 '살아서 세조에게 저항하고 절개를 지킨 여섯 명의 신하', 즉 '생육신'의 한 사람으로 존경했답니다.

재상이 된 척추 장애인 허조

권절처럼 장애를 가진 사람이 관직에 나아가고 자기 일을 하는 것은 조선 시대에 드문 일이 아니었어요.

태종 때는 나라에서 '명통시'라는 시각 장애인 단체를 만들었어요. 세계 최초의 장애인 단체라고 할 수 있지요. 명통시에서는 시각 장애인을 뽑아 나라의 앞일을 점치도록 했어요. 앞을 못 보는 사람들은 미래를 보는 다른 눈이 있다고 생각한 거예요. 또한 이들에게 악기 연주를 맡기기도 했어요.

세종 때 유명한 음악가였던 박연은 임금에게 이렇게 말했어요.

"옛날 왕들은 장애인에게도 일을 맡겼으니, 이는 세상에 버릴 사람이 아무도 없기 때문입니다."

조선 시대 왕들은 이런 가르침을 잊지 않았어요. 장애인들도 악기를 연주하거나 불경 외는 일을 하면서 비장애인과 더불어 살도록 했지요. 장애인이라도 실력이 있으면 관직에 나아가 자기 능력을 발휘할 수 있었어요. 황희 정승과 더불어 명재상으로 이름을 떨친 허조 역시 그런 사람이었어요.

허조는 조선 건국 때부터 관리가 되어 세종 때까지 나랏일을 했어요. 늘 몸가짐이 바르고 왕에게 바른말을 하기로 유명했지요. 특히 나라의 규칙과 법을 정리한 인물이에요. 허조는 어릴 때 구루병을 앓아 등과 어깨가 굽은 척추 장애인이었어요. 짓궂은 사람들은 그의 모습을 보고 손가락질하며 놀리곤 했어요.

"저기 허조 영감 좀 보게. 움츠린 모습이 꼭 매와 같지 않나?"

금호서원 충의당
허조를 모신 사당으로 경상북도 경산시에 있어요.
허조의 학문과 덕행을 기리기 위해 지어진 곳이에요.

"말을 듣고 보니 그렇군. 저렇게 몸이 불편해서야 사람 구실이나 제대로 할까 몰라?"

하지만 허조는 이런 말에 전혀 주눅 들지 않았어요. 누군가가 자신을 놀리면 뛰어난 말솜씨로 아무렇지 않게 받아넘겼지요. 조정에서도 허조의 장애를 문제 삼는 사람은 아무도 없었어요. 그리하여 세종 때는 좌의정까지 올랐답니다.

중국 사신으로 뽑힌 청각 장애인 이덕수

장애인을 차별하지 않는 사회 분위기는 조선 후기에도 이어졌어요. 이덕수는 여덟 살에 병을 앓은 뒤 귀가 잘 들리지 않았어요. 하지만 낙심하지 않고 열심히 노력해서 스무 살이 되기 전에 중국의 역사서란 역사서는 모두 읽었지요. 실력을 인정받은 이덕수는 선조 때 관리가 되었는데, 숙종 때 정식으로 과거를 봐서 높은 관리가 되었어요.

특히 영조는 이덕수를 무척 신뢰했어요. 높은 자리에 올랐지만 조회에 참석해서도 옆 사람이 왕의 말을 큰 소리로 다시 일러 줘야 알아듣는 이덕수의 모습을 보고 몰래 웃는 신하도 많았지요. 하지만 영조는 이덕수를 믿고 일을 맡겼어요. 나중에는 청나라에 보내는 사신으로 임명했답니다. 그러자 신하들이 반대하고 나섰어요.

앞에 돼지코가 자네가 귀가 안 들린다고, 청나라에 보내는 걸 반대하니까, 왕께서 돼지코 이놈 꾸짖으시면서 중국어 못 알아듣는 너희나 말 못 알아듣는 자네나 똑같은 거 아니냐, 말씀하셨네.

"전하, 이덕수를 사신으로 삼는 것은 문제가 있습니다. 그가 비록 글을 잘 짓는다고는 하나, 귀가 잘 들리지 않습니다. 그가 혹시 실수를 저지를까 두렵습니다."

하지만 영조는 이렇게 대답했어요.

"중국어를 못 알아듣는 것은 다들 마찬가지 아닌가? 그게 무슨 문제가 되겠는가? 다만 신료들이 반대한 것을 알면 이덕수가 사양할 테니 다른 사람을 알아보도록 하라."

어때요? 멋진 대답이지요?

훌륭한 시인이 된 시각 장애인 김성침

조선 후기 뛰어난 시인으로 이름을 떨친 김성침도 장애가 있었어요. 김성침은 어릴 때 천연두를 심하게 앓아 눈이 멀었어요. 하지만 성침의 부모님은 포기하지 않고 아들에게 글을 가르쳤답니다.

"성침아."

"예, 아버님."

"'주공왈, 오호 군자 소기무일(周公曰 嗚呼 君子 所其無逸)'이라는 문장의 뜻을 말해 보거라."

"주공이 말씀하기를, 군자는 안일함에 빠져서는 안 된다는 뜻입니다."

아버지는 이처럼 성침에게 직접 책을 읽어 주며 글을 가르쳤어요. 아버지의 헌신적인 노력 덕분에 성침은 글을 깨우칠 수 있었지요. 성침은 집중력이 뛰어나 한 번 다른 사람의 말을 들으면 바로 외웠다고 해요. 마침내 그는 뛰어난 시인이 되었답니다.

　성침보다 나이가 한 살 많은 아내 홍 씨도 시각 장애인이었어요. 다섯 살 때 병을 앓아 시력을 잃었지만, 여느 양반집 규수 못지않게 공부를 하고 글을 썼지요. 홍 씨도 남편과 마찬가지로 시 짓는 솜씨가 뛰어났다고 해요. 부부가 함께 시로 이름을 날렸답니다.

장애인과 더불어 살아간 조선 사람들

조선 시대에는 이렇게 장애인도 능력에 따라 여러 일을 맡을 수 있었어요. 조선 시대 임금 중에도 장애를 가진 왕이 있었지요. 세종은 젊을 때 책을 많이 보고 나이가 들어 눈병이 나는 바람에 시력이 많이 나빠졌어요. 어두운 곳에서는 지팡이가 없으면 다닐 수 없을 정도였다고 해요.

숙종도 나이가 들어 시력이 많이 나빠졌어요. 왼쪽 눈은 거의 보이지 않고 오른쪽 눈도 형체만 어렴풋이 보일 정도였다고 해요. 그러니 세종이나 숙종은 시각 장애인들의 어려움을 누구보다 잘 이해했겠지요.

세종이 왕위에 오른 해, 100명이 넘는 시각 장애인이 사냥을 하고 돌아오는 임금의 행차를 막는 일이 벌어졌어요.

"전하, 눈이 보이지 않아 제대로 일하지 못하니 배가 고파 살 수가 없습니다."

임금의 행차를 가로막았는데도 세종은 이들을 벌하지 않고 쌀을 내리도록 했어요. 몸이 불편한 백성들은 나라에서 특별히 보호해야 한다고 생각했기 때문이지요.

조선 시대 업적을 남긴 장애인들

사시이자 시각 장애인 채제공은 영조·정조 때의 명재상이었고, 언어 장애인 조광진은 추사 김정희의 찬사를 받을 정도로 빼어난 서예가였어요. 조선 후기 산수화의 대가로 이름을 널리 알린 화가 최북은 한쪽 눈이 멀어서 항상 반안경을 쓰고 그림을 그렸어요.

조광진의 서예 작품

채제공

집에 돌봐야 할 장애인이 있으면 세금이나 부역을 면제해 주었고, 장애인을 돌봐 줄 사람이 없으면 나라에서 사람을 보내 주기도 했어요. 흉년이 들어 굶주리는 사람이 생기면 가장 먼저 장애인들에게 곡식을 나누어 주었고, 나라에 경사가 있을 때는 특별히 곡식과 고기, 술을 내렸지요. 장애인이 죄를 지은 경우 형벌을 내리는 대신 옷감을 바치는 것으로 용서해 주기도 했어요.

장애인과 더불어 살아간 조선 사람들의 마음가짐과 지혜는 참으로 놀라워요. '세상에 버릴 사람은 아무도 없다.'는 믿음으로 편견을 버리고 장애인과 더불어 살고자 했던 옛사람들의 훌륭한 마음을 본받아야겠어요.

최북의 산수화

최북

임진왜란이 바꾼 두 아이의 운명

"우리는 이제 어디로 끌려가는 걸까요?"

"흑흑, 내가 없으면 늙은 부모님은 누가 돌보나?"

"이렇게 끌려가면 죽기 전에 고향 땅을 다시 밟을 수 있을지……."

전쟁 중에 잡힌 포로들을 싣고 가는 일본군 배 안에서 울음소리와 탄식이 흘러나왔어요. 진주성 전투가 끝난 뒤 일본군에 잡힌 조선 포로들은 배 밑바닥에 갇혀 두려움에 떨었지요. 포로 중에는 어린아이도 있었어요. 눈망울이 또랑또랑한 열세 살 여대남도 그중 한 명이었어요.

7년간 계속된 끔찍한 전쟁, 임진왜란

1592년, 엄청난 숫자의 일본군이 경상도 앞바다에 나타났어요. 일본군은 쉽게 부산에 상륙했어요. 조선군은 목숨을 내걸고 열심히 싸웠지만, 조

총을 든 대군을 막을 수는 없었지요. 기세가 오른 일본군은 빠르게 한양으로 올라갔어요. 불과 20일 만에 한양을 점령했고, 조선의 운명은 바람 앞의 등불 같아 보였어요.

하지만 조선은 그렇게 쉽게 쓰러지지 않았어요. 곳곳에서 의병이 일어났고, 이순신이 이끄는 수군은 일본군을 번번이 무찔렀어요. 조선의 구원 요청을 받은 명나라 군대가 합세하면서 전세는 역전되었어요.

전쟁은 엎치락뒤치락 7년이나 계속되었답니다. 끔찍한 전쟁이 계속되면서 수많은 사람이 죽고, 농토가 짓밟히고, 문화재가 파괴되었어요. 일본군은 도자기, 불경, 그림 같은 조선의 보물을 일본으로 가져갔고, 많은 사람을 포로로 잡아갔어요. 유학자나 도자기 기술자들을 비롯해 노예로 부리려고 닥치는 대로 많은 사람을 잡아갔지요.

교토 코 무덤
일본군은 자신이 죽인 조선인의 코나 귀를 잘라 갔어요. 일본에는 이렇게 모은 코나 귀 무덤이 몇 군데나 있어요.

1593년 6월, 진주성 전투가 끝난 뒤에도 마찬가지였어요. 한 해 전에 김시민이 이끄는 조선군에 졌던 일본군은 더욱 치밀하게 준비하여 다시 진주성을 공격했어요. 이에 조선의 관군과 백성들이 함께 맞섰지만, 결국 진주성을 빼앗기고 말았지요. 성 안으로 들어온 일본군은 사람들을 무자비하게 죽이고, 살아남은 사람들은 포로로 잡아들였어요. 어린아이들도 일본군의 손을 벗어날 수 없었지요.

포로로 끌려가 이름을 떨친 여대남

여대남은 양반 가문에서 태어났어요. 여느 양반집 아이들처럼 과거를 보려고 어릴 때부터 열심히 공부했지요. 임진왜란이 일어날 무렵에도 진주 근처의 절에 들어가 공부하고 있었답니다. 하지만 진주성 전투가 끝난 뒤에 포로로 잡혀 일본군에 끌려가고 말았어요.

여대남은 가토 기요마사라는 일본 장수 앞에 불려 갔어요.

"네 이놈! 감히 누구 앞이라고 고개를 꼿꼿이 들고 눈을 부라리느냐?"

"……."

"네 이름이 무엇이냐?"

"저에게 붓과 종이를 주십시오."

가토 기요마사
임진왜란을 일으킨 도요토미 히데요시의 부하 중 한 명이에요. 선조의 왕자 둘을 포로로 붙잡기도 했답니다.

가토는 여대남의 남다른 용기에 붓과 종이를 가져다주도록 했어요.

나홀로 비탈진 돌길로 높은 한산 올라가니
흰 구름 피어나는 곳에 외딴집 하나 있네.
가던 길 멈추고 잠시 늦가을 단풍 감상하니
서릿발 단풍잎이 매화보다 붉구나.

"이 시를 장군님께 바칩니다. 부디 저를 풀어 주십시오."
가토는 깜짝 놀랐어요. 이는 중국의 유명한 시인 두목이 고향을 그리며 쓴 시였기 때문이에요.
'어린 나이에 이런 시를 읊다니 대단하군. 게다가 배짱도 두둑해서 내 앞에서 떨지도 않다니……. 잘 키우면 쓸모가 있겠어.'
"그럴 수는 없다. 내 너를 특별히 보살펴 줄 것이니, 나를 위해 일하도록 하여라."
가토는 여대남을 일본에 데려가 곁에 두다가 절에 보내 스님이 되도록 했어요. 여대남은 어려운 불경도 쉽게 공부해 사람들을 놀라게 했지요. 그는 서른 살도 안 되어 유명한 절의 가장 높은 스님이 되었답니다.

고국으로 돌아가지 못한 한

일본에서 높은 스님이 되었지만 고향을 그리워하는 여대남의 마음은 변함없었어요. 부모님을 생각하면 늘 마음이 무거웠지요.
그 사이 전쟁을 일으켰던 도요토미 히데요시가 죽고 전쟁이 끝났어요.

조선 통신사 행렬도
새로 일본을 다스리게 된 도쿠가와 이에야스는 조선에 통신사를 요청했어요. 조선도 일본의 사정을 살피려고 통신사를 파견했지요. 일본은 조선 통신사를 매우 극진히 대접했어요.

도요토미를 대신해 일본을 다스린 도쿠가와 정부는 조선과 다시 사이좋게 지내고 싶어 했어요. 그래서 조선에 통신사를 보내 달라고 요청했지요. 조선도 일본의 속셈을 알아보려고 통신사를 파견했어요. 이 소식을 들은 여대남은 가슴이 설렜어요.
  '조선에서 통신사가 온다니, 혹시 고향 사람이 있지는 않을까? 부모님의 안부를 물어볼 수 있을지도 몰라.'
  하늘이 여대남의 소원을 들어준 걸까요? 통신사 일행 중에 진주 사람이 있었어요. 여대남은 자신의 소식을 부모님께 전해 달라고 그 사람에게 거듭 부탁했지요. 통신사가 돌아가고 난 뒤 조선에서 편지가 왔어요.

> 내 나이 쉰다섯, 네 어미 나이는 예순이 되었단다. 네 나이도 이제 마흔이 되었겠구나. 집안 형편도 예전처럼 좋아졌는데, 오직 너를 잃은 일이 마음에 남는다. 너도 돌아오고 싶겠지만 어렵다는 것을 잘 안다. 혹시라도 살아 돌아와 만나게 된다면 30년 쌓인 아픔이 사라질 것 같구나. 한 번이라도 너를 만나고 죽는다면 여한이 없을 텐데……

아버지의 편지를 받은 여대남은 고향으로 돌아가고 싶은 마음이 더욱 간절해졌어요. 여대남이 아버지에게 보낸 편지에는 가족과 고향을 그리워하는 그의 절절한 마음이 담겨 있어요.

> 아버님의 편지를 읽으려니 감격의 눈물이 먼저 떨어집니다. 주인님을 찾아가 나이 드신 부모님께 돌아가고 싶다고 애원했습니다. 하지만 주인님은 저를 더욱 철저히 감시할 것을 명령해서, 저는 결국 새장 속의 새 신세가 되었습니다. 이제부터 부모님의 편지를 아침저녁으로 소중히 여기겠습니다. 두 분께서도 이 편지를 저라고 생각해 주십시오. 그리고 부디 오래오래 사셔서 저를 기다려 주십시오.

여대남은 이후 여러 차례 탈출을 시도했어요. 하지만 번번이 실패하고 말았지요. 결국 여대남은 고향으로 돌아가지 못했고, 일흔아홉 살에 일본 땅에서 숨을 거두었어요.

귀신이 된 조선 소년

전쟁이 끝난 뒤, 조선 조정은 일본에 잡혀간 포로들을 데려오려고 여러 차례 사신을 보냈어요. 의병장을 지낸 사명대사도 포로를 구해 오려고 일본으로 건너갔어요. 사명대사는 기세등등하게 조선의 입장을 밝혀 3000명의 포로를 구해 돌아왔지요. 이렇게 훌륭히 임무를 완수하다 보니, 사람들 사이에서는 사명대사가 신통력이나 도술을 부린다는 소문이 퍼졌어요. 일본인들이 쇠로 만든 방에 사명대사를 가두고 불을 때서 혼내려 했지만, 사명대사는 신통력을 부려서 오히려 춥다며 호통을 쳤다는 이야기도 있지요.

이렇게 포로들을 구해 오긴 했지만, 전체 포로 수에 비하면 구출된 사람은 무척 적었어요. 일본은 조선인들을 꼭꼭 숨겨 두고 놓아주지 않았어요. 여대남의 사정은 그래도 나은 편이었어요. 일본에 끌려간 사람들은 대부분 평생 일본인의 노비로 살아야 했으니

서양인의 눈에 비친 조선 사람
바로크 미술의 거장 페테르 파울 루벤스가 그린 〈한복 입은 남자〉라는 작품이에요. 이 그림은 일본에서 이탈리아로 팔려 온 조선인 포로를 그린 것으로 보여요.

까요. 심지어 조선 포로를 외국 상인에게 팔아넘기기도 했어요.

일본 가고시마에는 죽어서 귀신이 된 조선 소년의 이야기가 전해 내려오고 있어요. '소에시마'라는 일본 장수가 조선인 포로 소년 한 명을 데려와 키웠어요. 여대남처럼 똑똑하고 글공부를 잘했던 그 소년은 자라면서 더욱 영리해졌지요. 그러자 소에시마 가문 사람들은 이 소년을 질투했어요.

"흥, 글 좀 읽는다고 거들먹거리는 꼴이라니!"

"저놈은 머리가 좋으니 우리가 조선에서 저지른 일을 모두 기억하고 있겠지?"

"그러게 말이야. 어르신은 그것도 모르고 우리에게 해가 될 놈을 아끼고 있으니……."

"우리가 어르신 몰래 저놈을 처치해 버리면 어떨까?"

결국 소에시마 가문 사람들은 잠들어 있는 소년을 죽였지요. 그 뒤 이상한 일이 벌어졌어요. 소에시마 가문의 남자들이 하나둘 죽어 나가기 시작한 거예요. 사람들은 조선 소년의 귀신이 복수하는 것이라고 생각했어요. 그래서 일본에 끌려와 억울하게 죽은 소년을 고려 귀신으로 섬기며, 그 영혼을 달래 주려고 해마다 제사를 지냈다고 해요. 지금도 가고시마에는 고려 귀신을 모시는 사당이 남아 있어요.

조선 시대 열공의 현장, 서당에 가다

"에그, 아프겠다."
"크크, 쟤는 어째 아직도 저걸 못 외울까?"
"공부 안 하고 놀 때부터 저렇게 될 줄 알았다니까!"
서당 곳곳에서 아이들의 숨죽인 웃음소리가 터져 나왔어요. 바우는 종아리도 아팠지만 친구들의 웃음소리를 들으니 더욱 창피했지요. 바우에게 회초리를 댄 훈장님도 마음이 편치는 않은 표정이에요.

서당 풍경
조선 후기 유명한 풍속 화가 김홍도가 그린 〈서당도〉예요. 서당에서 공부하던 학생들과 훈장님의 모습이 재미있게 표현되어 있어요.

조선 후기, 곳곳에 생겨난 서당

김홍도의 〈서당도〉 그림 속 아이들이 나누었음직한 이야기를 상상해 봤어요. 김홍도는 조선 후기 화가예요. 조선 후기에는 곳곳에 서당이 많이 생겨났지요.

서당은 삼국 시대부터 있던 교육 기관이에요. 지금의 초등학교처럼 가장 기초가 되는 공부를 하던 곳이지요. 옛날에는 귀족이나 양반집 아이들만 서당에서 공부할 수 있었어요. 법대로라면 평민 집안의 아이들도 공부해서 관리가 될 수 있었지만, 실제로는 힘든 일이었어요.

"입에 풀칠하기도 힘든 판에 무슨 공부? 아이 하나 가르치려면 들어가는 돈이 얼마나 많은데……."

"그럼. 게다가 공부한답시고 일을 하지 않으면 일손 하나가 줄어드는데, 어찌 공부를 시키겠는가?"

"공부야 양반집 아드님들이나 하는 거지. 우리 같은 농민들이 공부는 무슨……."

조선 후기에 접어들면서 생활에 변화가 생겼어요. 모내기 같은 새로운 농업 기술이 보급되고, 담배나 고추처럼 시장에 팔 수 있는 새로운 작물도 재배하기 시작했지요. 그렇다 보니

조선 시대 모내기 풍경
조선 후기 농민들의 모내기 장면을 그린 풍속화예요. 모내기가 널리 보급되면서 양반들 부럽지 않은 생활을 누리는 부유한 농민들이 생겨났어요.

농사를 잘 지어 부자가 된 농민도 생겨났어요. 이런 농민들은 자식들에게 공부를 가르치고 싶어 했어요. 그래서 경제적으로 여유가 있는 농민들을 중심으로 집집마다 돈을 모아서 선생님을 모셔 오고, 마을에 서당을 열었지요. 이런 서당에는 양반이 아닌 평민 집안 아이들도 다닐 수 있었어요.

"자기 이름이라도 읽고 쓸 줄 알아야 사람 노릇을 하지!"

"나야 까막눈으로 살았지만 내 아들만은 공부를 시켜서 사람대접 받고 살게 해야지."

그렇다고 평민 자식 누구나 서당에 다닐 수 있는 것은 아니었어요. 서당에 다니려면 '학세'라는 수업료를 내야 했어요. 이 수업료를 낼 형편이 안 되는 집은 아이를 서당에 보낼 수 없었지요. 서당에 다니다가도 집안 형편이 어려워지면 그만두는 경우가 많았어요.

서당의 훈장님과 접장

"에헴, 지난번에 가르쳐 준 글자를 한번 써 보거라."

"예, 훈장님."

"요놈, 글씨가 이게 뭐냐? 지렁이가 기어가는 것 같구나. 접장이 요놈 글씨 쓰는 것 좀 봐 주거라."

"예, 훈장님. 제가 잘 가르쳐 보겠습니다."

서당에서 가르치는 선생님을 '훈장님'이라고 불렀어요. 훈장님은 당연히 글을 읽고 쓸 줄 아는 어른, 양반이 맡았어요. 조선 후기에는 양반 수가 크게 늘어서 관직에 나아가지 못하는 사람도 많아졌어요. 오랫동안 벼슬길에 나아가지 못하면 아무리 양반이라도 살림이 어려웠겠지요?

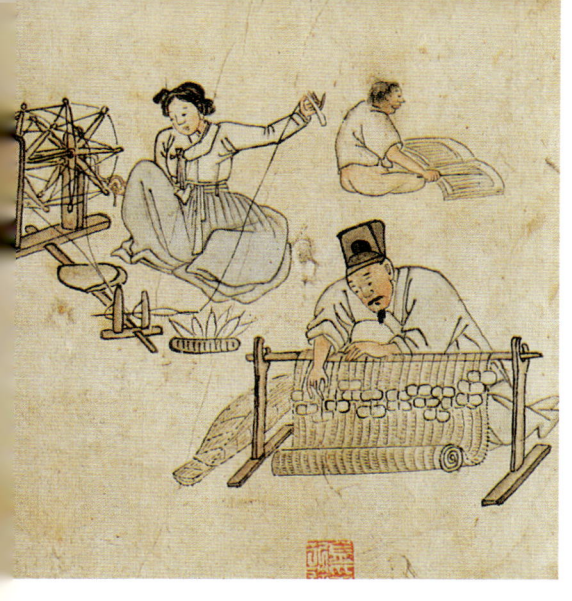

조선 후기 양반의 삶
김홍도가 그린 〈자리 짜기〉예요. 복장을 보면 양반이고 아들은 글공부를 하고 있는데, 아버지는 자리를 짜고 어머니는 실을 뽑고 있네요. 조선 후기에 이르러 가난한 양반이 많아졌고, 이들은 농민과 다를 바 없이 일해야 했어요.

나중에는 농민보다 처지가 어려운 양반까지 생겨났어요. 이렇게 살림이 어려워진 양반들은 자신이 가진 유일한 재주, 즉 학문을 이용해 먹고살 길을 찾아야 했어요. 바로 훈장이 되는 거였지요.

서당에는 오늘날 학급 회장 같은 역할을 하는 '접장'도 있었어요. 서당은 요즘 학교와 다르게 학년 구분이 없어서 다양한 나이의 학생들이 함께 배웠어요. 그중 나이도 많고 똑똑한 학생을 접장으로 뽑아 훈장님을 돕도록 했어요. 접장은 친구와 후배들의 공부를 도와주기도 하고, 게으름 피우는 아이들을 다그치는 역할도 했어요. 훈장님보다 접장이 아이들에게 더 많은 영향을 미치는 경우도 있었답니다.

읽고 또 읽고, 외우고 또 외우고

서당을 이끌어 가는 사람은 훈장님이었어요. 훈장님의 계획에 따라 하루 일과가 결정되었지요.

아이들은 아침에 서당에 오면 먼저 훈장님께 인사를 드리고 방 안으로 들어가요. 공부를 시작하기 전에 훈장님의 말씀을 듣지요. 세상 돌아가는 이야기나 동네 이야기를 하실 때도 있고, 옛날 위인들의 교훈이 담긴 이야기를 들려주시기도 해요. 본격적으로 공부를 시작하면 책 읽는 소리가 크게 울려 퍼졌답니다.

"하늘 천, 땅 지, 검을 현, 누를 황."

"소리가 작다. 다시 한 번 읽어 보아라."

"하늘 천, 땅 지, 검을 현, 누를 황."

아이들은 몸을 좌우로 흔들며 박자에 맞춰 글을 읽었어요. 만약에 졸거나 대충 읽으면 훈장님의 불호령을 맞았지요. 옛날에는 이렇게 읽고 또 읽어서 책의 내용을 줄줄 외우면서 공부했어요.

"천지현황, 하늘은 검고 땅은 누렇다는 뜻이니라."

훈장님이 글 뜻을 풀이해 주면 뜻을 생각하면서 다시 여러 번 외우는 거지요.

서당에서도 시험을 봤을까요? 당연하죠! 책의 일부분을 외우게 하거나 훈장님의 질문에 대답하는 방식으로 시험을 봤어요.

"업동이, 어제 배운 《명심보감》〈계선〉편을 외워 보도록 하거라."

"예. 공자께서 말씀하시길, 착한 일을 하는 사람에게는 하늘에서 복을 주시고……."

"잘했다. 업동이 통! 오늘부터는 다음 편인 〈천명〉편을 공부하도록 하거라."

'통'이란 통과했다는 뜻이에요.

"다음은 바우."

"어제 농사일이 너무 바빠서 못 외웠습니다."

"쯧쯧, 바우는 불통! 바우는 〈계선〉편을 계속 공부하도록 하거라. 내일도 못 외우면 회초리를 칠 것이야."

책거리 병풍
조선 후기 그림 중에는 이렇게 책으로 가득 찬 책장을 그린 병풍도 있어요.
자식이 공부 잘하기를 바라는 마음을 담고 있지요.

산책도 하고 놀이도 하면서

학교에서 가장 신나는 시간은 아무래도 점심시간이지요? 하지만 서당에서는 점심시간이 따로 없었어요. 조선 후기까지도 대부분의 사람이 하루에 두 끼를 먹었다고 해요. 살림에 여유가 있는 사람들은 아침과 저녁 사이에 '마음에 점을 찍듯이' 가볍게 식사를 하기도 했는데, 그게 바로 '점심(點心)'이에요. 농사일을 하는 사람들은 새참으로 허기를 달랬어요. 그러니 가난한 평민이 많이 다니는 서당에는 점심시간이 따로 없었지요.

공부하다가 따분하고 지치면 훈장님과 함께 산책을 나가기도 했어요. 특히 더운 여름날에는 시냇물에 발을 담그고 더위를 식혔답니다.

놀이를 하며 공부하는 경우도 있었어요. 평소에 외우기 힘든 관직 이름은 승경도 놀이를 하며 익혔어요. 지금의 주사위와 비슷한 윤목을 굴려서 나오는 표시대로 말을 옮기다 보면 관직 생활을 간접적으로 경험할

수 있었지요. 억울하게 누명을 쓰고 관직에서 쫓겨나기도 하고, 공을 세워 단박에 출세하는 등 흥미진진한 놀이였어요. 이 밖에 전국의 고을 이름을 알게 해 주는 놀이도 있었답니다.

한 해 농사 일정에 맞춘 서당 교육

요즘 학교는 3월에 시작하지요? 그렇다면 서당은 어땠을까요? 서당에서는 12월 동짓달에 공부를 시작했답니다. 동짓달은 1년 중 밤이 가장 긴 달이에요. 날이 추워 농사일도 없으니 긴 밤 동안 글 읽기 좋다고 생각한 거예요. 동지가 지나면 낮의 길이가 점점 길어지고 따뜻한 기운이 되살아나니, 그에 맞춰 또 부지런히 공부했어요.

졸업은 따로 정해져 있지 않았어요. 정해진 책들을 다 배워 이 정도면 되었다 싶은 때에 자연스럽게 그만두었지요. 서당에서는 책 한 권을 뗄 때마다 책거리를 했어요. 부모님들이 훈장님께 감사한 마음을 담아 떡을 해 보내면, 훈장님과 학생들이 모여 함께 떡을 나눠 먹는 행사였지요. 떡은

속이 빈 송편을 보내는 경우가 많았어요. 송편 속에 콩이나 팥을 채우듯, 아이들 머릿속에 새로운 지혜를 가득 채워 달라는 뜻이 담겨 있답니다.

　서당에도 방학이 있었어요. 하지만 요즘의 방학과는 좀 달랐지요. 요즘 방학의 목적은 여름과 겨울의 더위와 추위를 피해 공부를 쉬는 거예요. 하지만 옛날 서당의 방학은 농사일이 바쁠 때 일을 도우려고 공부를 쉬는 게 목적이었어요. 학생들은 모내기철이나 가을걷이철에는 서당에 오는 대신 집에서 농사일을 도왔답니다.

새로운 학문을 받아들이다

서당에서 배우는 공부는 한문과 유교 예절이었어요. 《천자문》이라고 들어 봤나요? 뜻이 이어지는 네 글자 문장 250개를 외워 한자 1000자를 익

힐 수 있도록 한 책이에요. 하지만《천자문》은 아이들에게 쉬운 책이 아니었어요. 우리 주변의 현실이 아니라 우주 만물의 원리 같은 추상적 내용이 담겨 있기 때문이지요.

《천자문》으로 어느 정도 한자에 익숙해지면 다음으로는 유교 예절에 관한 책을 공부했어요.《명심보감》이나《동몽선습》같은 책을 읽었지요. 이런 책들에는 나라에 충성하고 부모에 효도하며, 윗사람을 공경해야 한다는 내용이 담겨 있어요.

하지만 모두 중국 책에서 좋은 글을 가려 뽑아 모은 책이라 우리 현실

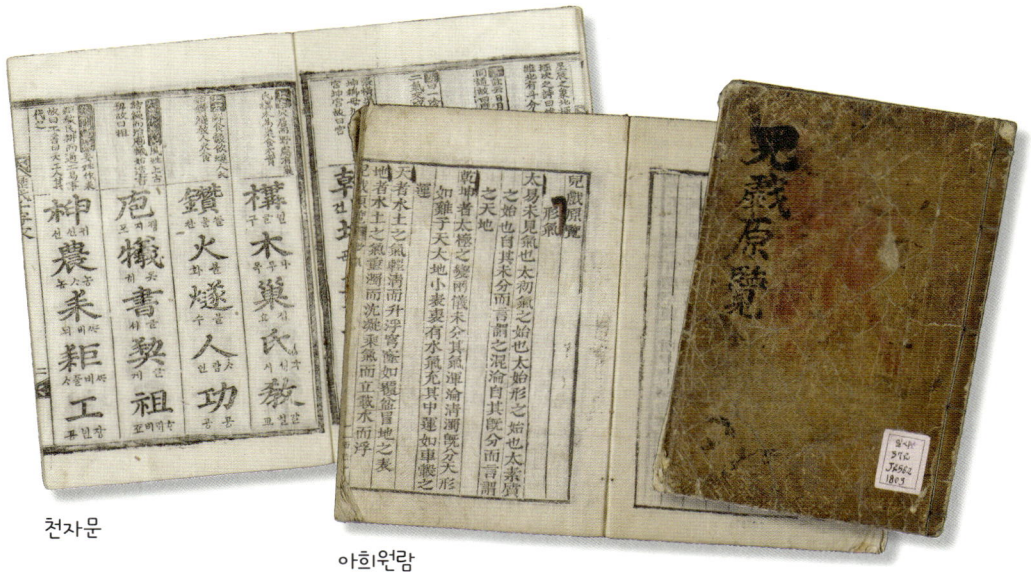

천자문

아희원람

서당의 교재
아이들은 《천자문》을 읽으며 기초 한자를 배웠어요.
《아희원람》에는 아이들이 주변의 여러 물건과 역사에 관심을
갖게 해 주는 내용이 담겨 있어요.

과는 거리가 멀었지요. 우리 현실에 맞으면서 평민 아이들도 관심을 기울일 만한 책이 나와야 한다는 생각이 점점 커졌어요. 19세기 들어 이런 생각을 담은 《아희원람》이라는 책이 나왔어요. 이 책에는 아이들이 관심 가질 만한 옷이나 안경 등 우리 삶 주변의 구체적 물건에 관한 이야기뿐 아니라, 단군왕검을 비롯해 우리나라 위인 이야기, 그리고 각 지방에서 전해 내려오는 풍습도 담겨 있어요.

서당은 점점 더 많이 생겨나 19세기에 들어서면서부터 웬만한 마을마다 하나씩 있을 정도가 되었어요. 19세기 말에 조선을 여행한 외국인들은 이런 점에 매우 놀랐어요.

> 조선 남자 중 3분의 1 정도는 서당 교육을 받았고, 그 때문에 조선은 문맹률이 낮다.

한 영국인 지리학자가 조선을 여행하고 쓴 글의 일부예요. 다른 여행자들도 조선에는 집집마다 책이 있다는 사실에 놀랐다고 해요.

시대가 바뀌면서 서당도 차츰 바뀌었어요. 우리 전통을 지키면서도 새로운 학문을 받아들이려 애쓴 거지요. 하지만 일제 침략이 시작되면서 서당은 큰 어려움을 겪었어요. 일제는 우리의 전통을 가르치는 서당을 내버려 두지 않았거든요. 그렇지만 배움을 통해 사람답게 살겠다는 꿈은 사그라들지 않고 민족 학교 설립 운동으로 이어졌답니다.

조선 후기 서당
조선을 여행한 서양인들은 마을마다 서당이 있다는 사실과 그 덕에
글을 읽고 쓸 줄 아는 사람이 많다는 사실에 놀랐어요.

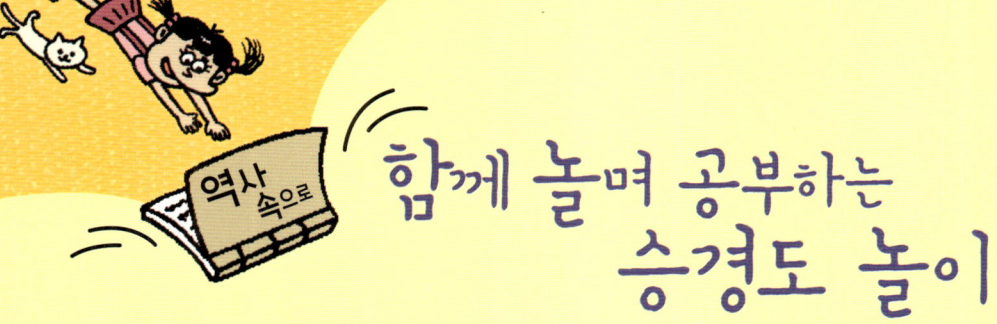

역사 속으로 함께 놀며 공부하는 승경도 놀이

승경도 놀이는 높고 낮은 관직명을 외우고 복잡한 관직 사이의 관계를 배울 수 있는 놀이에요. 어렵고 까다로운 관직 종류와 이름을 놀이를 하며 쉽게 익힐 수 있었지요. 규칙은 지방마다 조금씩 달랐답니다.

놀이 방법은 쉬워요. 4~8명의 친구들이 편을 나누어 번갈아 가며 윤목(지금의 주사위, 다섯 마디의 모를 내고 마디마다 1에서 5까지의 눈금을 새긴 것)을 굴려 나오는 숫자대로 칸을 이동해요. 가장 높은 관직에 먼저 도착하는 편이 이기는 거지요.

홍문관 관리 같은 좋은 관직에 오르면 다른 사람을 관직에서 쫓아낼 수도 있어요. 반대로 운이 없으면 관직에서 쫓겨나기, 유배 가기, 사약 받기 같은 벌칙에 걸리기도 해요. 이런 벌칙은 실제로 관리들이 잘못하면 겪는 일들이었어요. 그러니 승경도 놀이를 하다 보면 진짜 관리가 된 것 같은 기분을 느낄 수 있었겠지요?

윤목

이번엔 꼭 이기고 말거야!

승경도 놀이법
① 가로 1.5미터, 세로 1미터의 직사각형 종이에 줄을 그어 150여 개의 칸을 만들어요.
② 칸 안에 관직 이름과 함께 규칙, 벌칙 등을 적어요.
③ 윤목을 굴려 나오는 수에 따라 칸을 옮겨요.
④ 칸에 쓰여진 대로 관직을 오르내려요.
⑤ 최고 관직에 먼저 오르는 사람이 우승!

승경도판

평등한 세상을 꿈꾸던 동학의 소년 장수들

"지금 일본이 군대를 이끌고 궁궐로 쳐들어와 우리 임금님을 협박하고 있습니다. 우리는 평범한 농민에 불과하지만 이를 두고 볼 수 없습니다. 우리가 일어나 저 악독한 일본군을 물리칩시다. 나라를 구합시다!"

"옳소!"

"무기를 들고 일어납시다!"

1894년 가을, 전라도 장흥 들판에서 장수 한 명이 흰말에 올라타 큰 칼을 휘두르며 힘껏 외쳤어요. 그런데 늠름한 자태와 다르게 장수의 얼굴은 앳돼 보였어요. 그는 바로 동학 농민군의 열세 살 소년 장수, 최신동이었어요.

사람이 곧 하늘이다

1800년대 중반, 나라는 큰 위기에 빠졌어요. 밖으로는 서양 세력이 금방이라도 쳐들어올 것 같았고, 안으로는 부패한 관리들의 괴롭힘에 백성들이 큰 고통을 받고 있었지요. 이런 때에 최제우는 '동학'이라는 새로운 종교를 만들었어요. 서학, 즉 천주교를 앞세운 서양 세력의 침략에 맞서 우리의 전통을 바로 세우기 위해서였지요.

그렇다고 전통을 무조건 따르지는 않았어요. 양반과 상민을 구분 짓는 신분제에서 벗어나 모든 사람이 평등하게 존중받아야 한다고 주장했지요. 이는 당시에 아주 놀라운 생각이었어요.

"최제우 교주님께서 자기 집 종들을 다 풀어 주셨다며?"

동학 창시자 최제우와 용담정
최제우는 하늘에 기도를 올리다가 깨달음을 얻어 경주의 용담정에서 동학을 세웠대요. 최제우의 가르침은 새로운 세상을 꿈꾸던 농민들 사이에서 빠르게 퍼져 나갔지요. 나라에서는 이를 못마땅하게 여겨 그를 잡아 처형했어요.

"어디 그뿐인가? 여종 중 한 명을 수양딸로 삼고, 또 한 명은 며느리로 들이셨다는군."

'사람이 곧 하늘'이라는 동학의 가르침은 이렇게 농민들에게 감동과 희망을 주었어요. 하지만 양반들은 동학을 사악하고 위험한 종교라고 생각했지요. 나라에서는 최제우를 처형하고 동학을 금지시켰어요. 그럼에도 동학은 농민들 사이에서 몰래몰래 퍼져 점점 커져 갔어요.

부패한 관리를 내쫓고 나라를 살리자

1894년 봄, 마침내 농민들의 분노가 터져 나왔어요. 전라남도 고부에서 동학 농민군이 들고일어난 거지요.

"엉터리로 세금을 뜯어 가는 저 욕심 많은 관리들을 몰아냅시다!"

동학 농민 운동과 전봉준
전라남도 고부 군수가 세금을 엉터리로 걷자, 전봉준과 농민들이 들고일어나 군수를 쫓아냈어요. 나라에서 이 사실을 알고 오히려 전봉준과 농민들을 벌주려 하자, 때를 기다리던 농민들이 힘을 합치면서 동학 농민 운동이 일어났어요.

"고통에 시달리는 백성들을 구하러 한양으로 올라갑시다!"

녹두 장군 전봉준이 이끄는 동학 농민군은 삽시간에 전라도를 거의 장악하고 전주성을 차지했어요.

"우리가 이렇게 일어선 까닭은 부패한 관리를 내쫓고 나라를 살리기 위해서입니다. 농민들을 괴롭힌 관리와 양반들을 처벌하십시오. 그리고 엉터리 세금을 모두 없애야 합니다."

"나라에서도 이 문제를 심각하게 생각하고 있소. 그러나 개혁에는 시간이 필요한 법이오. 청나라와 일본이 우리를 호시탐탐 노리는 지금, 저들에게 기회를 줄 수는 없지 않소. 정부를 믿고 전주성에서 물러난다면 조정에서도 그대들을 저버리지 않을 것이오."

나라 안의 혼란을 틈타 외세가 끼어들 것을 우려한 동학 농민군은 정부의 약속을 믿고 물러나기로 결정했어요.

농민군이 물러나 사태가 진정되었지만 일본은 군대를 보내 궁궐을 점령하고 청나라 군대를 공격했어요. 청일 전쟁이 일어난 거예요. 일본은 이 기회를 틈타 청나라를 몰아내고 조선을 자기 손아귀에 넣으려 했어요. 이 소식을 들은 농민들은 1894년 가을, 다시 들고일어났어요. 이때 전라남도 장흥에서 앞장선 사람이 바로 소년 장수 최신동이랍니다.

동학에서 활약한 소년 장수들

동학에서 활약한 소년 장수는 최신동뿐만이 아니었어요. 동학 농민 운동 초기, 전주성을 점령하려고 관군과 싸우다 숨진 이복룡이라는 장수

도 열네 살 어린 나이였지요. 최신동과 같은 마을에서 태어난 김유선도 열다섯 살에 농민군으로 나섰고, 이웃 마을 박백환도 열다섯 살에 무기를 들었어요. 일본군에 쫓기는 농민군 500명을 다른 섬으로 몰래 옮겨 목숨을 구한 뱃사공 윤성도도 당시 열다섯 살에 불과했지요.

일본은 소년 장수들이 활약한 동학을 심하게 비난했어요. 최신동을 잡아 잔인하게 처형한 일본은 "소년들의 순진무구함을 이용하여 사람들을 우롱한다."면서 "동학 교도들이 사람들을 매번 이런 식으로 선동한다."고 욕하기도 했지요.

하지만 터무니없는 비난이었지요. 무엇보다 이 소년들은 누구의 강요로 농민군이 된 것이 아니었어요. 자기 의지로 참여했던 거예요. 당시 나이로 10대 중후반은 지금의 20대에 맞먹는 역할을 했지요. 게다가 어른들도 이들 소년 장수의 지휘를 기꺼이 따랐어요. 동학에서는 어린이를 어른과 대등한 존재로 인정했기 때문이지요.

동학은 양반과 상민, 남자와 여자, 노인과 어린이를 가리지 않으며, 사람은 태어나면서부터 누구나 '한울님(동학에서 모시는 하늘 신)'처럼 높다고 여겼어요. 그래서 어린이라고 무조건 가르치고 일깨워야 할 어리석은 존재로 보는 게 아니라 어른을 가르칠 수도 있는, 어른과 대등한 존재라고 생각했던 거예요.

최제우의 뒤를 이어 동학을 몰래 전파하고 다녔던 2대 교주 최시형이 어느 신도의 집에 머물다가 떠날 때였

최시형
동학의 2대 교주 최시형은 최제우가 처형당한 뒤 동학 조직을 다시 꾸렸고, 동학을 퍼뜨리려 애썼어요. 동학 농민 운동이 실패로 끝난 뒤 처형당했지요.

어요. 신도들이 최시형을 배웅하는데 그 집 아이가 울기 시작했어요. 당황한 사람들은 우는 아이를 야단쳤지요. 그러자 최시형은 어른들을 말리며 아이 앞에 무릎을 꿇고 앉아 용서를 빌며 이렇게 말했어요.

"이 아이가 바로 한울님입니다."

어린이날을 만든 방정환

동학 농민 운동이 엄청난 희생자를 내며 실패하자 동학은 큰 어려움을 겪었어요. 1905년 3대 교주 손병희는 동학의 이름을 '천도교'라고 바꾸었어요. 천도교도 동학과 마찬가지로 어린이의 인권을 매우 중시했지요.

1923년, 천도교의 후원을 받아 《어린이》라는 잡지가

방정환
방정환 선생님은 타고난 이야기꾼이었어요. 그가 이야기를 시작하면 주변 사람들이 모두 그 말에 웃고 울었다고 해요. 어린이를 위해 많은 동화를 직접 쓰고, 외국의 동화를 우리말로 옮겼지요.

어린이날 선전지

1923년부터 "희망을 살리자! 내일을 살리자!"라는 구호와 함께 대대적인 어린이날 행사가 시작되었어요. 어린이날이 되면 100만 장의 선전지가 거리에 뿌려지고, 50만 명이 거리를 행진했어요. 일제 아래 힘든 나날이 계속되던 시기, 어린이는 미래의 희망이었어요.

세상에 나왔어요. 이 잡지에서는 아이를 '애녀석', '아해놈'처럼 낮춰 부르지 말고 '어린이'로 부르자고 주장했어요. 그리고 어린이날을 만들 것을 제안했지요.

이 잡지를 만든 분이 바로 방정환이랍니다. 방정환은 천도교 신자였을 뿐 아니라, 동학의 3대 교주인 손병희의 사위였어요. 방정환은 《어린이》 창간호에서 이렇게 말했어요.

죄 없고 허물없는, 평화롭고 자유로운 한울 나라! 그것은 우리 어린이의 나라입니다. 우리는 언제까지든지 이 한울 나라를 더럽히지 말아야 하며, 이 세상에 사는 사람 사람이 모두 깨끗한 나라에서 살도록 우리의 나라를 넓혀 가야 할 것입니다. …… 어린이는 결코 부모의 소유물이 되려고 생겨나는 것도 아니고, 어느 사회의 주문품이 되려고 나오는 것도 아닙니다. 그들은 훌륭한 한 사람으로 생겨나는 것이고, 저대로 독특한 사람이 되어 갈 것입니다.

방정환은 어린이를 존중하는 뜻에서 어린이에게 존댓말을 쓰자는 운동도 벌였어요. 어린이가 곧 한울님이고 거룩한 존재이므로 함부로 대해서는 안 된다는 이유였지요.

　동학은 어린이에 대한 사람들의 생각을 크게 바꿔 놓았어요. 모든 사람은 한울님이며 평등하게 존중받아야 한다는 동학의 생각이 '작은 한울님'인 어린이를 다시 보게 만든 것이지요. 신분제를 거부하는 평등 정신이 어린이의 위치를 한 단계 올려놓은 거예요.

새로운 학교, 새로운 공부에 눈뜬 어린이들

"우리 기찬이도 학교에 보내야겠소."

"아니, 서양 사람이 만든 학교에 아이를 보내도 된단 말입니까?"

"이 사람아! 세상이 바뀌었네. 임금님께서도 '배재학당'이란 이름을 지어 주시지 않았는가. 인재를 키우라는 뜻으로 말일세."

서양 선교사들이 세운 새로운 학교

1885년, 배재학당이라는 새로운 학교가 세워졌어요. 이보다 2년 전에 이미 함경남도 원산에 원산학사가 생겼지만, 서울에 신식 학교가 세워진 것은 배재학당이 처음이었지요. 곧이어 이화학당, 경신학당, 정동학당 등도 생겨났어요. 이 학교들은 모두 서양 선교사들이 세웠답니다.

하지만 당시 사람들은 서양 선교사들이 세운 학교에 아이들을 보내지 않으려 했어요. 서양 학교에 가면 선교사들이 아이를 납치하거나 해코지 한다는 소문이 널리 퍼졌기 때문이지요. 이에 선교사들은 직접 학생들을 모집하러 다니면서 부모님들께 걱정하지 말고 아이를 맡겨 달라고 호소 했어요. 지금 생각하면 이상한 이야기이지만 그때는 꽤나 심각한 상황이었지요. 서로 다른 언어와 생활 방식, 그리고 문화의 차이가 부른 오해였어요.

기찬이가 다니게 된 배재학당도 처음에는 학생 수가 두 명밖에 되지 않았어요. 선교사들은 학생들을 모으려고 공책과 연필 그리고 점심 비용까지 주었어요. 그래도 학생들을 모으는 일은 쉽지 않았어요.

이화학당의 상황은 더 심각했어요. 이화학당은 여학교였는데, 당시 여자를 학교에 보낸다는 건 생각도 못 할 일이었거든요. 할 수 없이 이화학당에서는 병에 걸려 버려진 아이들을 치료해 준 뒤 학생으로 받아들여 겨우 학교를 꾸려 갈 수 있었지요.

배재학당의 과거와 현재
배재학당에서는 민족 교육도 열심히 해서 청년 지도자를 많이 키워 냈어요.
시인 김소월, 소설가 나도향, 국어학자 주시경을 비롯하여 초대 대통령 이승만도
배재학당에서 공부했답니다.

교육은 나라를 세우는 근본

새로운 공부가 필요하다는 생각은 이미 많은 사람이 하고 있었어요. 정부도 마찬가지였지요. 나라 문은 열었지만 외국에서 문물을 배워 올 수 있는, 외국어를 할 수 있는 사람이 없어서 걱정이었거든요.

1886년, 나라에서 육영공원이라는 학교를 세웠어요. 외국인과 대화할 수 있는 인재를 기르기 위해서였어요. 외국인 교사를 초청해서 양반집 아이들에게 외국어를 가르쳤지요.

새로운 학교는 점점 많아졌어요. 고종도 교육을 중요하게 생각해서 1895년, '교육은 나라를 세우는 근본'이라는 뜻을 나라 안팎에 밝혔어요. 그러고 나서 나라 곳곳에 새로운 학교가 더 많이 생겨났어요. 선생님을 길러 내는 사범 학교부터 지금의 초등학교인 소학교, 중학교, 외국어 학교, 기술 학교 등 많은 학교가 세워졌지요. 덩달아 선교사들이 세운 학교도 더 늘어났고, 학생 수도 점점 많아졌어요.

서울교동초등학교
서울 종로에 있는 교동초등학교는 1894년 세워진, 우리나라에서 가장 오래된 초등학교예요. 학교가 처음 세워졌을 때의 이름은 관립 교동 왕실 학교였어요.

새 학교에서 시작한 새로운 공부들

"빨래 방망이처럼 생긴 이것은 도대체 무슨 물건일까?"

기찬이는 난생 처음 야구 방망이를 보고 정말 신기했어요. 기찬이가 다니는 배재학당에서는 야구를 비롯해 축구, 테니스, 럭비 등 외국의 운동 경기를 배우는 시간이 있었어요. 처음에는 낯설고 이상했지만 친구들과 함께 야구와 축구를 할 수 있는 체육 시간이 점점 기다려졌어요.

신식 학교에서는 영어뿐 아니라 세계의 지리와 역사도 배웠어요. 또한 음악, 미술, 체육 같은 과목도 있었지요. 야구나 축구 같은 종목은 아이들뿐 아니라 어느새 많은 사람에게 큰 인기를 끌었어요. 지금도 그렇듯이 예전에도 야구나 축구 시합이 열리면 엄청나게 많은 사람이 응원을 하려고 모여들었어요.

대한 제국 야구 시합
외국 선교사를 통해 야구가 도입되어 새로 생긴 학교들에서 팀을 꾸렸고,
학생들뿐 아니라 많은 사람에게 큰 인기를 얻으면서 여러 경기가 펼쳐졌지요.

건강한 나라를 기원하며 마련한 운동회

신식 학교는 나라를 지킬 힘센 인재를 기른다는 뜻에서 체육이나 체조, 군사 훈련을 중시했어요. 외국어 학교 학생들은 고종 앞에서 군사 훈련 시범을 보이기도 했지요.

운동회도 열렸어요. 1896년 봄, 외국어 학교에서 처음 운동회를 연 뒤 곳곳에서 체육 대회가 열렸어요. 운동회는 곧 서울의 구경거리가 되었어요. 몇 년 뒤에는 서울의 여러 학교 학생들이 연합 운동회를 열었어요. 고종 황제도 직접 이 운동회를 보러 왔지요.

영국, 러시아, 프랑스 등 외국어 학교 학생들과 배재학당, 경성학당 등 선교사 학교, 그리고 여러 소학교 학생들 3000여 명이 각각 학교 깃발을 앞세우고 운동장에 들어섰어요.

학교 깃발을 들고 운동장에 입장하는 기찬이의 심장은 세차게 뛰었어요. 운동장을 가득 메운 응원단의 함성에 귀가 먹먹할 정도였지요. 푸른 하늘에 태극기와 세계 여러 나라의 깃발들이 펄럭이는 모습도 참 멋졌어요.

기찬이는 여러 학교 학생들과 체조를 하고, 달리기를 비롯한 여러 경기에 즐겁게 참여했어요. 땀을 뻘뻘 흘리며 열심히 뛰어다닌 운동회가 끝나자 참가자들은 일제히 고종을 위해 만세 삼창을 외쳤어요.

"대군주 폐하 만세!"

고종은 이처럼 큰 운동회를 열어 학생들이 건강하게 자라기를 바랐어요. 체력을 길러야 나라를 지킬 수 있다고 생각했지요. 구경 나온 사람들도 학생들의 운동회를 보면서 나라 사랑하는 마음이 더욱 커졌을 거예요.

'점동이'가 '에스더'로

"점동이 이름이 바뀌었다고?"

"예, 이제는 점동이가 아니라 에스더예요."

"에스…… 뭐?"

"에스더요! 이제 '에스더~' 하고 불러 주세요!"

점동이 아버지는 우리나라에 온 외국인 선교사를 돕는 일을 했어요. 그 덕분에 점동이는 어릴 때부터 서양 문화에 익숙했지요. 점동이 아버지는 공부하기를 좋아하는 딸을 이화학당에 보냈어요. 점동이는 학교를 다니면서 크리스트교를 받아들여 세례를 받고, 세례명인 '에스더'로 이름을 바꾸었어요.

박에스더 부부와 로제타 셔우드 가족
온몸을 바쳐 병든 이들을 돌봐 주던 박에스더는 과로로 병을 얻어 1910년 서른네 살의 젊은 나이로 세상을 떠났어요.

에스더는 열심히 공부해서 미국 유학까지 갔어요. 미국에서도 열심히 공부한 끝에 에스더는 우리나라 사람으로는 서재필에 이어 두 번째, 여성으로서는 처음으로 미국 의사 자격을 얻었지요. 그리고 1900년에 다시 우리나라로 돌아와 병든 이들을 치료하며 일생을 보냈어요.

학교를 세워 나라를 지키자

1885년 이후 학교가 많이 생겨났지만 특히 1905년에는 하루 자고 나면 새로운 학교가 생길 정도였어요. 너 나 할 것 없이 학교를 세우려고 했지요. 무슨 까닭일까요?

1905년, 일제는 우리나라에 을사조약을 강요해 외교권을 빼앗아 갔어요.

이대로라면 일제에 나라를 빼앗기는 것은 시간문제였어요. 이렇게 나라가 점점 기우는 상황이었기에 많은 사람이 학교를 세운 거예요. 교육을 통해 학생들이 나라의 미래를 열어 가길 간절히 원한 것이지요. 이렇게 만들어진 학교가 전국에 3000여 개나 되었어요.

안창호, 이승훈 같은 분들은 대성학교와 오산학교를 세워 새로운 나라의 새로운 국민을 길러 내고자 했어요. 이런 학교에서는 이순신, 을지문덕 등 나라를 구한 영웅들을 본받자고 강조했어요. 영웅들의 삶을 통해 나라의 위기를 극복할 방법을 찾아보자는 뜻이었지요. 우리 역사와 지리 교육을 강조해 나라의 소중함을 일깨우기도 했어요. 어려움 속에서도 희망의 씨를 뿌리는 것, 그것이 학교가 한 일이었어요.

대성학교
한국인이 세운 민족 학교는 일본 입장에서 눈엣가시였어요. 일본은 야금야금 우리 주권을 빼앗으면서 학교도 탄압했어요. 1910년 일본이 우리나라를 빼앗으면서 많은 학교가 문을 닫아야 했답니다.

꿈과 이름마저 빼앗긴, 일제 치하의 어린이들

"히라노?"

"하이."

"노부스케?"

"하이."

"슌에이? 슌에이?"

선생님이 아침 출석을 부르고 있어요. 그런데 대답이 없는 아이가 있네요. 교실은 쥐 죽은 듯 조용해졌어요.

'아차, 슌에이가 내 이름이지!'

준영이는 그제야 자기 이름이 생각났어요.

"하, 하이!"

하지만 이미 늦었어요. 선생님은 곧바로 대답하지 않은 준영이를 야단쳤어요. 준영이는 슌에이라는 이름이 영 익숙하지 않았지만 잘못했다고 대답할 수밖에 없었어요. 도대체 왜 준영이의 이름이 슌에이로 바뀐 것일까요?

'준영'이가 '슌에이'로

얼마 전까지 준영이의 이름은 '고준영'이었어요. 그런데 10년 동안 써 온 이 이름이 하루아침에 '가네야마 슌에이'로 바뀌어 버린 거예요.

부모님은 준영이가 학교에 다니려면 이름을 바꾸는 수밖에 없다고 말씀하셨어요. 준영이는 왜 멀쩡한 이름을 일본식으로 바꿔야 하는지 이해할 수 없었어요. 하지만 '일본어를 국어라 하고 우리말을 쓰면 혼나기 때문에 이름도 일본식으로 바꿔야 하나 보다.' 하고 막연히 생각했지요.

171

나라를 잃은 어린이들

1910년, 일본은 우리나라를 강제로 빼앗았어요. 총과 칼을 앞세워 우리 민족을 짓누르고 식민지로 삼은 거예요. 일제는 우리 민족에게서 모든 권리를 빼앗아 갔어요.

이런 상황은 어린이들에게도 마찬가지였어요. 학교 선생님들이 칼을 차는 경우도 있었어요. 일본은 자신들에게 충성할 사람을 기르는 것이 교육의 목적이라고 생각했어요. 그래서 어린이들이 겁먹고 무조건 복종하게 만들려고 선생님들한테도 칼을 차게 한 거예요.

학생이 조금이라도 잘못하면 매를 드는 것도 당연하게 생각했어요.

일장기가 걸린 경복궁 근정전
일본은 조선을 대표하는 경복궁 건물에 일장기를 내걸면서 국내외에 우리나라를 식민지로 만들었다는 것을 알렸답니다.

우리말과 글, 그리고 우리 역사를 배우는 시간은 갈수록 줄어들었어요. 아이들은 일본어와 일본 역사를 더 많이 배웠지요.

1919년, 일제의 지배를 거부하고 독립 만세를 외치는 함성이 전국에서 터져 나왔어요. 3·1 운동이 일어난 거예요. 3·1 운동의 뜨거운 열기에 혼쭐이 난 일본은 우리 민족의 요구를 조금이나마 들어줄 수밖에 없었지요. 한글 신문과 잡지가 나왔고, 단체나 회사를 세우는 일이 조금 쉬워졌어요. 중·고등학생들은 독서 모임 같은 동아리를 만들기도 했어요.

하지만 1930년대 들어 일본은 이런 요구를 들어주는 시늉조차 거두어 버렸어요.

일본은 1930년대 들어 만주와 중국을 잇달아 침략하면서 침략 전쟁의 기세를 몰아갔어요. 나중에는 미국까지 공격해 태평양 전쟁을 일으켰지요.

전쟁을 몰아붙이다 보니 일본에 무조건 충성하고 전쟁에 나갈 사람이 갈수록 더 많이 필요했어요. 그래서 우리 민족을 아예 일본인으로 바꾸어 버리려고 한 거예요. 우리 민족의 흔적을 없애고 영원히

중국 베이징에 들어선 일본군
일본은 1910년 우리나라를 식민지로 삼은 데 이어 1931년에는 만주를 침략했고, 1937년에는 중국으로 쳐들어갔어요. 1941년에는 미국을 공격해 태평양 전쟁을 일으켰지요.

일본의 일부로 만들어 지배하려는 무서운 속셈이었지요. 그래서 기어이 우리나라 사람들의 성과 이름까지 일본식으로 바꾸게 했지요. 준영이 경우처럼 말이에요. 그리고는 "이제 조선 민족도 일본인이 되었으니 일본이 치르는 전쟁에 참가해야 한다."며 우리나라 사람들에게 전쟁에 나갈 것을 강요했지요.

황국 신민을 강요하는 학교

준영이는 학교에 등교하면 매일 아침마다 친구들과 줄을 맞춰 서서 남쪽을 향해 절을 했어요. 천황이 만수무강하기를 비는 절이래요. 그리고는 무슨 뜻인지도 잘 모르는 일본말을 큰 소리로 외쳐야 했어요.

> 우리는 황국 신민이다. 충성으로써 군국(천황의 나라)에 보답하자.
> 우리 황국 신민은 서로 친애(사랑), 협력하여 단결을 굳게 한다.
> 우리 황국 신민은 인고(고생을 참고), 단련, 힘을 키워 황도(천황의 도)를 드높이자.

준영이가 외운 것은 '황국 신민 서사'라는 다짐이에요. '황국 신민'이란 '천황의 나라에 충성하는 신하 된 백성'이라는 뜻이에요. 그래서 학교 이름도 '국민학교'로 바뀌었어요. 국민학교란 '황국 신민을 만드는 학교'라는 뜻이지요.

황국 신민의 서사를 외운 뒤에는 일본어로 국가를 불러야 했어요.

황국 신민 서사를 외치는 아이들
일본 천황에게 충성을 맹세하는 내용의 황국 신민 서사를 매일 아침마다 학교, 직장, 마을회관 등에서 일본 말로 소리 높여 외쳐야 했어요.

왕의 치세는 천세 만세에 이르러 굴러가는 돌이 바위가 되고 이끼가 될 때까지……

준영이는 이 노래가 싫었지만 거의 매일 불러야 했어요. 천황이 영원히 이 나라를 다스리기를 바라는 내용이래요. 그리고 전쟁에 나가 일본을 위해 싸우다가 죽은 군인들을 생각하며 묵념도 했지요.

긴 아침 의식이 끝나고 겨우 교실로 들어오던 준영이는 친구와 장난을 치다가 시비가 붙었어요. 서로 흥분해서 말다툼을 했는데, 그 친구는 준영이가 일본어를 쓰지 않았다고 선생님께 일러바쳤어요.

"학교에서 감히 일본어를 쓰지 않다니, 이 목걸이를 걸고 저기 서서 반성하도록!"

준영이는 그렇게 벌을 서야 했어요. 말다툼을 하다가 자기도 모르게 우리말을 했나 봐요. 준영이는 분한 마음이 풀리지 않았어요.

'아무리 선생님 명령이라도 그렇지, 어떻게 친구가 그걸 일러바칠 수 있지? 어휴, 분해.'

내일은 소풍날이에요. 학교를 마칠 때 선생님께서 내일 소풍 장소는 남산이라고 했어요.

"남산에는 우리 일본을 지켜 주는 신들을 모신 조선 신궁이 있다. 우리

남산 조선 신궁
일제는 지금의 남산 식물원 자리에 조선 신궁을 세웠어요. 원래 그 자리에는 조선 고유의 신을 모시는 국사당이 있었어요. 일본은 국사당을 없애고 일본을 건국한 천황에게 제사를 지내는 조선 신궁을 세웠지요.

는 내일 그곳에 가서 일본의 승리를 빌 것이다. 이렇게 우리가 편안히 소풍을 갈 수 있는 것도 모두 대일본 제국 천황 폐하와 전쟁에 나간 군인들 덕분이다. 늘 감사하는 마음을 갖도록! 이상."

'쳇, 그냥 남산에서 바람이나 쐬고 오면 좋을 텐데. 거기까지 가서 또 줄 맞춰 절을 해야 하다니. 어휴, 재미없어.'

전쟁터로 내몰린 조선의 어린이들

"학교에 와서 이게 뭐야? 매일 관솔이나 주우러 다니고."

"그러게 말야. 매일 같은 일만 하니 너무 지겨워. 차라리 공부하는 게 낫겠어!"

"말도 마. 우리 집은 밥그릇에 숟가락까지 다 빼앗겼어."

"매일매일 전쟁 얘기만 하니 아주 지긋지긋해."

준영이와 친구들은 요즘 학교에서 시키는 일들 때문에 짜증이 났어요. 매일같이 송진이 엉겨 붙은 소나무 가지나 옹이인 관솔을 주우러 다녔기 때문이에요. 고철이나 놋그릇을 녹여서 총알 껍데기를 만들고, 관솔에서 기름을 짜낸다고 해요. 겨우 교실에 들어와 앉아도 군인들에게 보낼 위문품 봉투를 만들거나 군인들에게 감사해야 한다는 이야기 따위를 계속 들어야 했지요.

전쟁이 계속되면서 살기가 더욱 힘들어졌어요. 먹을 것도 부족했지요. 쌀은 전쟁터에 나간 군인들에게 보내야 한다며 모조리 가져가 버리고, 사람들에게는 겨우 콩을 나누어 주었어요. 나중에는 콩마저 없어서 콩기름을 짜고 남은 콩깻묵을 먹어야 했지요.

일제의 육군 소년병 모집 포스터
일본군이 된 우리 젊은이들은 머나먼 전쟁터에서 허무하게 죽음을 맞았지만, 그중 일부는 탈출해서 독립군 부대를 찾아가기도 했어요. 독립운동가 장준하 선생이 대표적인 인물이지요.

준영이 형뻘 되는 고등학생이나 젊은이에게는 천황 폐하를 위해 전쟁에 나가야 한다고 부추겼어요. 이름 높은 작가들 중에는 "우리 조선인도 군인이 되어 전쟁에 나가야 일본인들과 평등해질 수 있다."며 목소리를 높이는 사람도 있었어요. 나중에는 강제로 젊은이들을 전쟁터로 끌고 갔지요.

하지만 일본이 벌이는 전쟁은 떳떳하지 못한 침략 전쟁이었어요. 양심 있는 일본인들조차 부끄러워하는 전쟁에 우리 젊은이들이 목숨을 바쳐야 한다는 것은 너무나 억울한 일이었지요.

군대에 끌려가지 않더라도 무기 공장이나 광산에 끌려간 사람이 아주 많았어요. 그중에는 일본으로 보내져서 힘들게 일한 사람도 많았지요. 광산같이 위험한 곳에서 일을 시키면서 월급을 주기는커녕 먹을 것도 제대로 주지 않았어요. 너무 힘들어서 도망치다가 걸리면 죽도록 때리는 일까지 있었어요.

그중에서도 가장 끔찍한 건 어린 소녀들까지 전쟁터로 끌려갔다는 사실이에요. 취직해서 돈을 벌 수 있다고 속이거나 강제로 데려가서는 소녀들을 일본군 '위안부'로 부린 거지요. 일본군 '위안부'로 끌려간 이들 중에는 10대 소녀가 많았어요. 이들은 영문도 모른 채 끌려간 지옥 같은 전쟁터에서 몸과 마음을 크게 다쳤답니다.

일본군 '위안부' 할머니의 그림, 〈끌려감〉
김순덕 할머니가 자신이 열네 살 소녀일 때
일본군 '위안부'로 끌려가던 것을 떠올리며 그린 그림이에요.

일본군 '위안부' 할머니들의 슬픈 외침, 수요 시위

"일본은 역사 왜곡을 멈추고 일본군 '위안부' 문제의 진상을 인정하라!"
"일본은 일본군 '위안부' 문제에 대해 진심으로 사죄하고 배상하라!"

매주 수요일, 일본 대사관 앞에서는 많은 사람이 모여 일본군 '위안부' 문제 해결을 요구하는 시위가 열리고 있어요. 이들은 일제 강점기 시절, 아시아 태평양 전쟁을 일으킨 일본군은 일본군 '위안부'를 모집해 그들에게 끔찍한 일을 시킨 사실을 인정하고 사죄하라는 요구를 하고 있어요. 잔인한 전쟁 범죄에 대해 스스로 인정하고 그 피해자에게 사죄하는 의미로 배상하는 것이 앞으로 다시는 그런

소녀상과 일본군 '위안부' 문제 해결을 위한 수요 시위
최근 일본 대사관 앞에 소녀상이 세워졌어요. 다시는 끔찍한 일이 되풀이되지 않도록 해야 한다는 마음을 담아 세워진 거예요. 이 소녀상 곁에서 매주 수요일마다 시위가 열려요.

일이 일어나지 않도록 하는 첫걸음일 거예요. 평화로운 미래를 위해서도 반드시 끔찍한 과거를 반성해야겠지요?

1992년 처음 시작된 수요 시위는 무려 1000회를 넘어 지금도 계속되고 있어요. 가장 오래 계속된 시위로 기록될 정도지요. 이렇게 시위가 계속되고 있는 것은 일본이 이 요구를 무시하고 있기 때문이에요. 일본은 일본군 '위안부'가 있었다는 점은 인정하지만, 일본 정부나 군대가 직접 일본군 '위안부'를 모집하고 감독했다는 점은 여전히 부인하고 있어요.

요즘 수요 집회에 나가면 적게는 500~600명, 많게는 700~800명씩 오니 자리가 비좁아. 그럼 좀 기운이 난다. 이제는 좀 알아주나 싶고. 그래도 나는 항상 억울하다. 20년을 싸워 와도 일본이 한결같이 저러고 있으니 응어리가 풀리는 걸 모르겠어. 잘못한 거를 잘못했다고 사죄만 해 준다면…… 죽기 전에 하루라도 맘 편히 살아 보고 싶은데…….

– 2014년 2월 22일자 《한겨레》, 김복동 할머니 인터뷰 중에서

김복동 할머니

대한 독립의 희망둥이,
자동이

"참 기쁜 일이오. 귀한 아이를 보내 주셨으니……."

"그러게 말입니다. 생긴 게 딱 장군감입니다. 허허."

"이 아이만큼은 꼭 독립된 조국에서 살 수 있도록 우리 함께 더욱 노력합시다."

1928년 가을, 상하이의 한 집에서 잔치가 열렸어요. 사람들은 서로 반가운 인사를 나누며 새로운 생명의 탄생을 축하했어요. 그중에는 도산 안창호, 백범 김구 선생 등 나라의 독립을 위해 애쓴 분이 많았어요. 항상 일제의 감시와 탄압에 시달리던 독립운동가들이 이날만은 한곳에 모여 모처럼 환하게 웃으며 이야기를 나누었답니다. 이들이 이렇게 상하이에 모인 까닭은 무엇일까요?

3·1 운동으로 세워진 대한민국 임시 정부

이날의 주인공은 김자동이었어요. 자동이는 독립운동가인 김가진 선생의 손자로 태어났어요. 김가진 선생은 원래 명문가의 후손으로 높은 관리를 지냈지만, 나라를 빼앗긴 뒤 비밀 단체를 만들어 독립을 위한 방법을 찾고 있었지요.

그러던 중 3·1 운동이 일어났어요. 1919년 3월 1일, 전국에서 "대한 독립 만세!" 함성이 터져 나온 거예요. 이 만세 운동에 깜짝 놀란 일제는 군인과 경찰을 대거 동원해 잔인하게 진압했어요. 많은 사람이 죽거나 다치고 감옥에 갇혔어요. 하지만 끔찍한 일제의 탄압에도 만세 운동은 두 달이나 계속되었지요.

대한민국 임시 정부 청사
대한민국 임시 정부가 세워지면서 우리나라는 황제의 나라인 '대한 제국'에서 국민이 주인 되는 나라인 '대한민국'으로 새롭게 태어났답니다. 1919년 4월, 중국 상하이 청사에서 첫발을 내디뎠어요.

   3·1 운동은 김가진 선생에게 큰 용기를 주었어요.
   "3·1 운동을 통해 우리나라가 독립을 원한다는 사실을 전 세계에 알렸으니, 이제 임시 정부를 세워 더욱 체계적으로 독립운동을 이어 나가야겠군."
   다른 지도자들의 생각도 비슷했어요. 그래서 나라 안팎 여러 곳에서 임시 정부가 만들어졌지요. 민족 지도자들은 이 임시 정부를 하나로 통합하려고 머리를 맞댔고, 그 결과 상하이에 임시 정부를 세우기로 했답니다. 상하이는 미국·영국·프랑스 등의 영사관이 있고, 각 나라가 일정한 구역을 직접 관리할 수 있는 지역이어서 우리나라의 사정을 여러 나라에 알리기 좋았어요. 상하이에 임시 정부를 세우면 일제가 마음대로 독립운동가들을 탄압하지는 못할 거라 생각했지요.

김가진 선생은 처음에는 순종 황제를 중국으로 모셔 와 비밀리에 정부를 세우려고 했어요. 하지만 이에 실패하자 새롭게 임시 정부를 세우는 쪽으로 결심을 바꾸었어요. 독립운동가들 대부분도 대한 제국을 되살리기보다 국민이 주인 되는 새로운 민주주의 정부를 세워야 한다고 생각했지요. 그래서 '대한 제국 임시 정부'가 아닌 '대한민국 임시 정부'가 세워졌답니다.

독립을 위한 준비

1919년, 김가진 선생은 일제의 감시와 탄압을 뚫고 아들 김의한과 함께 머나먼 길을 돌아 상하이로 왔어요. 많은 재산을 모두 정리해서 말이에요. 상하이의 대한민국 임시 정부에 힘을 보태기 위해서였어요. 두 달 뒤에는 김가진 선생의 며느리이자 자동이의 어머니인 정정화 여사도 상하이로 들어왔어요.

　김가진 선생의 가족은 상하이에서 갖은 고생을 했어요. 늘 일제의 감시를 당했고 보이지 않는 압력에 시달렸지요. 독립운동에 써야 할 돈은 많은데 들어오는 돈은 별로 없다는 점도 큰 문제였어요. 고국에서 가지고 온 돈은 금방 떨어졌어요. 국내외 동포들이 자금을 모아 주기는 했지만 늘 부족했지요. 그렇다 보니 김가진 선생의 가족을 비롯해 다른 독립운동가들은 매우 쪼들리는 생활을 해야 했어요. 명문가의 후손이 끼니 걱정을 해야 할 지경이 된 거지요.

　그렇지만 그보다 더 힘든 일은 독립의 희망이 잘 보이지 않는다는 점이었어요. 임시 정부로 독립운동가들이 모여들고, 봉오동 전투와 청산리

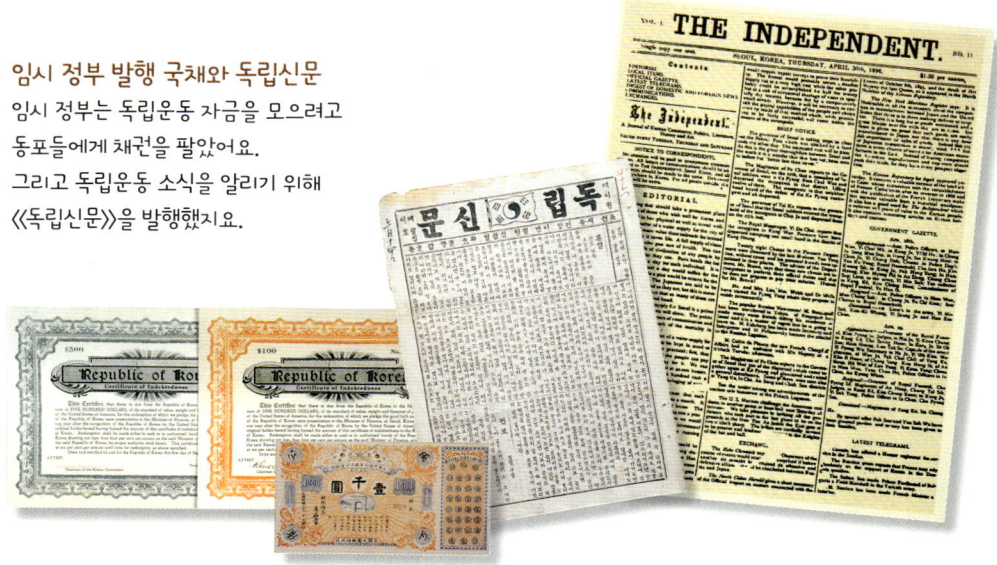

임시 정부 발행 국채와 독립신문
임시 정부는 독립운동 자금을 모으려고 동포들에게 채권을 팔았어요. 그리고 독립운동 소식을 알리기 위해 《독립신문》을 발행했지요.

대첩에서 큰 승리를 거두면서 독립운동가들의 기세는 한껏 올라갔어요. 하지만 일제의 거센 탄압이 계속되고, 일제에 맞서 싸우는 방식을 두고 독립운동가들 사이에 의견이 갈리면서 임시 정부는 조금씩 힘을 잃고 말았어요.

자동이가 태어난 때가 바로 이 무렵이에요. 독립운동가들이 낙담하고 있을 때, 자동이의 탄생은 새로운 희망을 주었지요.

윤봉길, 이봉창 의사의 의거

자동이는 가족의 보살핌 속에서 무럭무럭 자랐어요. 어머니 정정화 여사는 집안 살림뿐 아니라 임시 정부 살림까지 도맡아 바쁜 와중에도 자동이를 반듯하게 키웠지요.

자동이가 다섯 살 되던 해인 1932년, 자동이네 가족은 상하이를 떠나

150킬로미터나 떨어진 자싱이라는 곳으로 피난을 가야 했어요. 어린 자동이에게는 무척 힘든 길이었지요.

이렇게 자동이네 가족이 상하이를 떠날 수밖에 없었던 이유는 윤봉길 의사의 폭탄 의거 때문이었어요. 1931년 일제는 만주를 침략했어요. 기세가 오른 일제는 1932년 상하이 훙커우 공원에 많은 군인을 모아 놓고 천황의 생일 기념식을 열기로 했지요. 윤봉길 의사는 이 기념식장에 들어가 도시락과 물병으로 위장한 폭탄을 던졌어요. 이 폭탄에 맞아 일본군 대장을 비롯해 많은 사람이 죽고 다쳤어요.

이 사건으로 우리 민족이 일제의 지배를 거부하고 침략 전쟁에 반대한

김구 선생과 윤봉길 의사
윤봉길 의사는 김구 선생의 지시로 훙커우 공원에 폭탄을 던져 일본의 주요 장군들을 죽이는 데 성공했어요.

윤봉길 의사의 선서문
나라의 독립을 위해 적을 죽이겠다는 내용이에요. 독립을 향한 윤봉길 의사의 굳은 의지가 담겨 있지요.

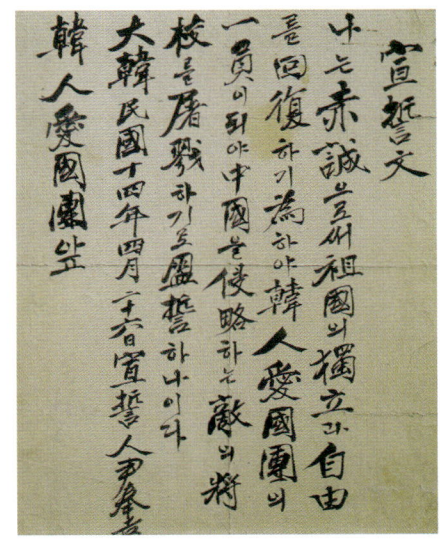

다는 사실을 전 세계에 알릴 수 있었어요. 특히 만주를 일본에 빼앗긴 중국인들에게 큰 감명을 주었지요. 중국 정부는 이 사건 이후 우리 임시 정부를 적극 돕기로 했어요.

하지만 이 일을 벌인, 김구 선생을 비롯한 임시 정부 사람들은 당장 일본군에게 쫓기는 신세가 되었지요. 그래서 임시 정부는 오랫동안 머물던 상하이를 떠나 쑤저우로 피난을 갈 수밖에 없었어요. 자동이 가족은 이와 별개로 자싱으로 옮겨 가기로 했답니다.

피난지에서도 포기하지 않은 배움의 길

자동이 가족은 자싱에서 지낸 지 얼마 되지 않아 다시 창사로 거처를 옮겼어요. 임시 정부가 그곳으로 또 옮겨 갔기 때문이에요. 대한민국 임시 정부는 이렇게 피난을 다니면서도 학교를 세워 어린이들을 가르쳤어요. 어린이야말로 독립된 나라를 이끌어 갈 미래의 희망이라고 생각했기 때문이지요. 자동이와 그 또래의 어린이 10여 명은 임시 학교에서 중국어와 함께 우리말과 글, 우리 역사, 우리 노래를 배웠어요.

하지만 사정은 점점 더 나빠졌어요. 1937년, 일본은 중국마저 식민지로 차지하려고 중일 전쟁을 일으켰지요. 일제는 삽시간에 베이징과 상하이 등 주요 지역을 점령했어요. 중국 정부는 수도를 난징으로 옮겨 일본에 맞섰어요. 대한민국 임시 정부도 중국 정부와 함께 이동해 일본군에 대항했어요. 하지만 난징마저 일본군에게 빼앗기고 말았어요. 중국 정부와 우리 임시 정부는 난징에서 우한, 충칭으로 계속 이동하며 끝까지 일제와 싸웠어요. 자동이와 가족들도 이 힘겨운 피난 생활을 함께해야 했지요.

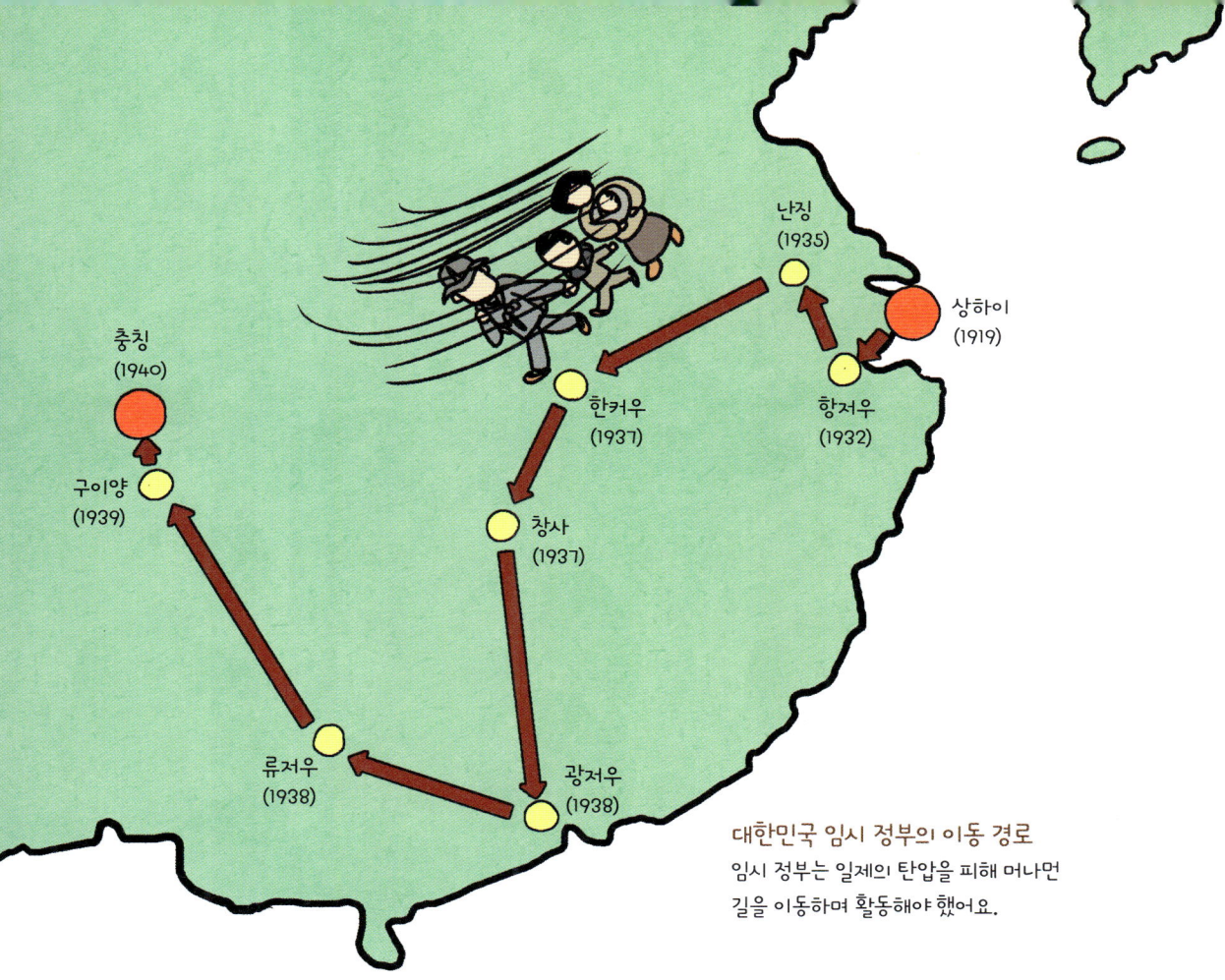

대한민국 임시 정부의 이동 경로
임시 정부는 일제의 탄압을 피해 머나먼 길을 이동하며 활동해야 했어요.

독립의 희망, 어린이

참 기쁘고나 삼월 하루, / 독립의 빛이 비쳤구나.
금수강산이 새로웠고, / 이천만 국민이 기뻐한다.
만세 만세 만세 마안세. / 우리 민국 우리 동포 마안세.
만만세 만세 만세 마안세. / 대한민국 독립 만만세라.

자동이는 친구들과 무대에 올라 노래를 부르면서 가슴이 벅찼어요. 무대 아래에서 노래를 듣던 관객들은 감격에 젖어 큰 소리로 노래를 따라 불렀어요. 아이들과 어른들의 힘찬 노랫소리는 머나먼 중국 땅에 널리 울려 퍼졌답니다.

1938년, 3·1절을 맞은 대한민국 임시 정부는 중국 여기저기 피난을 다니던 어려운 상황에서도 기념식과 함께 공연을 준비했어요. 기념식이 시작되고 단상에 세워진 깃대에 태극기를 올리자 참석자 몇몇이 흐느끼기 시작했어요. 그 흐느낌이 점점 퍼져 결국 국기 게양식은 울음바다가 되어 버렸지요.

기념식이 끝난 뒤 어린이들의 공연이 시작되었어요. 일제에 맞서 싸우는 용감한 독립운동가가 주인공인 연극이었어요. 자동이도 자기 역할을 열심히 연기했어요. 임시 정부 사람들과 현지의 중국인들은 대견한 마음으로 이 공연을 지켜봤답니다. 그리고 다 같이 3·1절을 기리는 노래를 불렀지요. 이날의 공연은 대성공이었어요. 어른들은 멋진 공연을 보여 줘서 고맙다며 아이들을 칭찬했어요.

드디어 해방된 조국으로

공연이 끝난 뒤 임시 정부는 또다시 피난을 떠나야 했어요. 버스로 열흘이나 걸리는 먼 길이었지요. 어느덧 열한 살이 된 자동이는 피난길에서 가족들의 짐을 옮기거나, 자기보다 어린아이들을 돌보기도 하면서 자기 몫을 다했어요.

1940년, 자동이는 충칭에서 임시 학교를 졸업했어요. 이후 임시 정부

사무실에서 자료 정리하는 일을 도우면서 주변 분들에게 틈틈이 영어도 배웠답니다.

1941년, 일본은 미국을 공격해 태평양 전쟁을 일으켰어요. 대한민국 임시 정부는 한국광복군을 만들고, 연합군과 한편이 되어 일제에 맞서 싸우겠노라 선언했어요. 한국광복군은 전쟁 막바지에 비행기를 타고 낙하산으로 우리 땅에 몰래 들어가 일본군과 싸울 계획을 세우고 훈련했지요.

1945년 8월 15일, 충칭의 대한민국 임시 정부 사람들에게 일본이 드디

한국광복군
한국광복군은 미군 특수 부대로부터 국내 침투를 위한 특수 훈련을 받았어요.
1945년 8월에 비행기를 타고 국내로 들어가 일본군과 싸울 계획이었지요.

대한민국 임시 정부의 귀국 기념사진
1945년 11월, 김구 선생이 귀국했어요. 사람들은 대한민국 임시 정부가
새로운 나라의 중심이 되리라 기대했어요.

어 항복했다는 소식이 전해졌어요. 우리나라가 광복을 맞이한 거예요. 자동이와 가족들은 뛸 듯이 기뻤지만 한편으로는 안타까웠어요. 한국광복군의 힘으로 직접 일본을 몰아낼 기회가 사라졌기 때문이에요.

  자동이는 가족들, 그리고 임시 정부 사람들과 함께 조국으로 가기 위해 상하이로 돌아왔어요. 상하이의 우리 동포와 중국인들은 김구 선생을 비롯한 임시 정부 사람들을 열렬히 환영해 주었지요. 하지만 우리나

김자동 선생님과 수송초등학교 학생들
김자동 선생님은 현재 대한민국 임시 정부 기념 사업회 회장으로, 대한민국 임시 정부를 널리 알리고 어린이와 청소년들에게 대한민국 임시 정부가 꿈꿨던 희망을 함께 나누고자 힘쓰고 계시답니다.

라 남쪽을 다스리게 된 미국은 임시 정부를 정식 정부로 인정하지 않았어요. 그래서 임시 정부 사람들은 개인 자격으로, 그것도 11월이 되어서야 조국으로 돌아올 수 있었지요.

자동이와 가족들도 그 무렵 상하이에서 배를 타고 사흘 만에 부산항에 도착했어요. 다시 찾은 조국 땅에서 자동이와 가족들을 가장 먼저 맞이한 것은 하얀 소독 가루였어요. 미군들이 배에서 내리는 사람들에게 소독 가루를 마구 뿌렸기 때문이지요. 자동이는 이 낯선 대우에 기분이 나빴지만, 드디어 해방된 조국 땅을 밟았다는 기쁨이 더 컸어요. 자동이는 부산에서 서울로 올라가는 동안 가족들과 함께 새로운 세상을 꿈꾸었답니다.

자동이는 열심히 공부하여 대학교에 입학하는 등 늠름한 청년으로 자랐어요. 신문 기자와 번역가로 활약하면서 나라 안팎의 소식을 사람들에게 널리 알렸지요.

세월이 흘러 대한민국 임시 정부의 희망둥이였던 자동이는 할아버지가 되었어요. 김자동 할아버지는 지금도 청년 시절 못지않게 새로운 일들을 펼쳐 가고 있어요. 대한민국 임시 정부의 정신을 널리 알리기 위해 '대한민국 임시 정부 기념 사업회'도 만드셨답니다. 오늘날 대한민국의 새 문을 연 대한민국 임시 정부를 많은 사람에게 제대로 알리고, 우리나라가 평화롭고 정의가 바로 선 나라로 거듭나도록 힘쓰고 계시지요. 김자동 할아버지는 지금도 변함없이 대한민국의 희망찬 미래를 꿈꾸고 있답니다.

김자동 선생님

역사 속으로 3·1 운동에 참여한 어린이들

1919년, 어느 학교 졸업식 날. 수많은 관리와 이름난 일본인들이 자리한 가운데 졸업식이 시작되었다. 학생들에게는 차례대로 졸업장이 주어졌다. 열두어 살쯤 된 학생 대표가 선생님과 학교에 감사의 인사를 하려고 앞으로 걸어 나왔다. 깍듯이 예의를 갖추는 듯 보였다. 인사를 할 때도 허리를 90도로 굽혀 최대한 존경의 뜻을 보였고, 예의 바르게 인사말을 이어 갔다. 그 모습을 본 손님들 모두 기분 좋은 표정이었다. 그런데 인사말이 끝나 갈 무렵, 학생의 목소리가 변하기 시작했다.
"이 말만은 꼭 하고 싶습니다."
그는 몸을 똑바로 세우고 굳은 표정으로 말했다. 지금 자기가 하려는 말 때문에 지난 며칠 동안 많은 사람이 죽었다는 것을 잘 알고 있었다. 그는 겉옷 속에 손을 집어넣었고, 지니고 있다는 사실만으로도 죄가 되는 태극기를 끄집어냈다.
"우리나라를 돌려 달라! 대한 독립 만세!"
그는 태극기를 흔들며 울부짖었다. 그러자 지켜보던 학생들이 자리를 박차고 일어섰다. 그러고는 모두 하나같이 품에서 태극기를 꺼내 흔들며 만세를 불렀다. 그들은 깜짝 놀란 손님들 앞에서 졸업장을 찢어 바닥에 던져 버리고 떼를 지어 밖으로 나갔다.
 - F. A. 매켄지, 《한국의 독립운동》 중에서

3·1 운동을 전국적인 만세 운동으로 이끈 것은 바로 학생들이었어요. 그중에는 어린이들도 있었지요. 서울, 평양, 신의주, 강화, 광주, 부산, 대구, 대전, 무주

등 전국에서 만세 소리가 울려 퍼졌어요. 교실 칠판에 태극기를 그리고 만세를 부르며 거리로 나온 친구도 있었고, 장날에 맞춰 시장을 돌며 지역 주민들을 만세 운동에 참여시키는 친구도 있었어요. 어린이들도 학교에 가는 것을 거부하고 만세 운동에 참여했지요.

일제는 처음에 어린이들의 만세 시위를 대수롭지 않게 생각했어요. 하지만 만세 운동에 참여하는 어린이가 점점 많아지자 크게 당황했어요. 그래서 학교 선생님, 어른 들을 통해 어린이들을 겁주며 말리려고 했어요. 하지만 어린이들의 참여는 계속되었어요. 그러자 일제는 경찰을 동원해 어린이들까지 체포했고, 심지어 진압 도중에 칼을 휘두르기도 했어요.

3·1 운동은 어린이들에게도 큰 영향을 주었어요. 3·1 운동에 참여한 어린이들은 '대한 독립 만세'의 마음을 계속 간직하고 자라서 독립운동가가 되기도 했답니다.

3·1 운동 당시
거리로 나온 사람들
광화문 네거리에 모인 사람들의 모습이에요. 3·1 운동에는 수많은 어린이가 참여했어요. 서울의 정동 보통학교와 의동 보통학교에서는 졸업식장에서 만세 시위가 벌어지기도 했어요.

어린이, 새 나라의 주인이 되다

"만세! 대한 독립 만세!"

"드디어 일본이 물러갔다!"

1945년 8월 15일, 일본이 항복했다는 소식이 들려왔어요. 35년 동안 숨죽여 살아온 사람들은 벅찬 가슴으로 거리에 쏟아져 나왔답니다. 사람들은 태극기를 힘차게 흔들며 목이 터져라 만세를 불렀어요. 해방을 맞아 들뜨기는 어린이들도 마찬가지였어요.

"이제 하기 싫은 일본말을 억지로 하지 않아도 되는 거지?"

"그럼. 어색한 일본 이름도 당장 버려야지."

"우리를 무시하고 거들먹거리던 일본 학생들도 이제 볼 일이 없겠네?"

"나라를 되찾는다는 게 이런 거구나. 정말 기뻐!"

해방된 나라

반면에 일본을 도와 사람들을 전쟁터로 내모는 데 앞장섰던 이들은 눈앞이 캄캄했어요. 믿었던 일본이 이렇게 패배하니, 그런 사람들은 집 안에 꽁꽁 숨어 세상이 어떻게 돌아가나 눈치만 보고 있었겠지요?

온 나라 사람들은 우리 손으로 새로운 나라를 세울 희망에 들떴어요. 일제에 끝까지 맞섰던 여운형 선생이 새로운 나라를 준비하려고 '건국 준비 위원회'를 만들자 많은 사람이 여기에 참여했지요.

하지만 새 나라를 만드는 일은 그리 쉽지 않았어요. 어떤 나라를 만들 것인지, 어떻게 나라를 세울 것인지 사람마다 생각이 달랐기 때문이에요. 게다가 제2차 세계 대전에서 승리한 연합국 미국과 소련이 각각 한반도의 남쪽과 북쪽에 들어왔어요. 그렇게 미국은 남쪽을, 소련은 북쪽을 다스리기 시작했어요.

그래도 사람들은 희망을 잃지 않았어요. 하나 된 새로운 나라를 만들 수 있다는 희망을 어린이들에게 걸었어요.

> 새 나라의 어린이는 일찍 일어납니다.
> 잠꾸러기 없는 나라 우리나라 좋은 나라.
> 새 나라의 어린이는 서로서로 돕습니다.
> 욕심쟁이 없는 나라 우리나라 좋은 나라.

해방 후 처음으로 만들어진 이 동요는 우리나라를 좋은 나라로 만들어 갈 어린이에게 거는 희망을 노래하고 있어요.

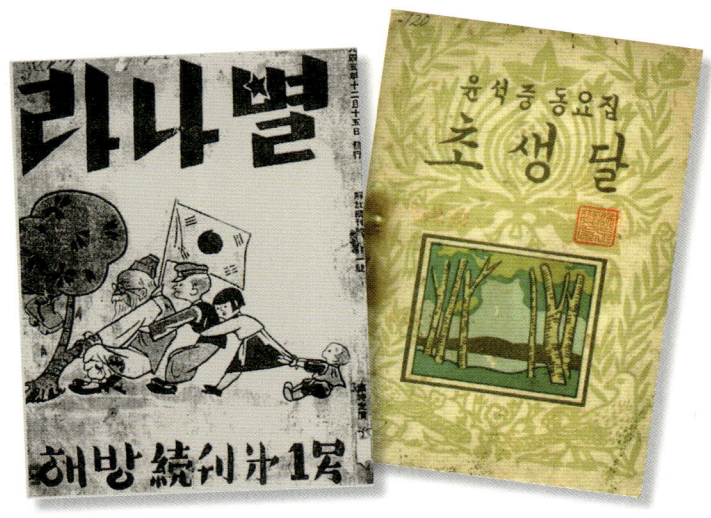

어린이 잡지, 별나라
힘을 모아 일본의 흔적을 없애려는 노력을 표지 그림에 담고 있어요.

윤석중 동요집, 초생달
〈새 나라의 어린이〉는 해방 후 처음 만들어진 동요예요. 이 노래를 지은 윤석중 선생님은 〈반달〉, 〈새 신〉, 〈나란히 나란히〉 등 수많은 동요를 지었답니다.

새롭게 배우는 우리글과 역사

한반도의 남쪽은 한동안 미국이 다스렸어요. 이 시기를 미 군정기라고 해요. 미국은 우리나라 사정을 잘 몰랐어요. 그래서 한국인 관리들을 불러들였는데, 이들 중에는 일본을 도와 일한 친일파가 많았어요. 숨죽이고 눈치만 보고 있던 친일파들은 안도의 한숨을 내쉬었어요.

하지만 미 군정도 교육에서만큼은 일제의 흔적을 지우려 했어요. 민주주의를 가르치는 새로운 교육을 실시했지요. 또한 '널리 인간을 이롭게 한다.'는 홍익인간의 정신을 교육의 기본으로 삼았어요. 이를 위해 국민학교(지금의 초등학교)를 의무 교육으로 만들어 학생들을 교육하려 했어요. 하지만 그러기엔 준비가 많이 부족했고, 결국 의무 교육은 1954년 이후 이루어지기 시작했어요. 이 시기에는 학교도 교실도 교과서도 모두 모자랐어요. 교실은 아이들로 넘쳐 났고, 교과서도 공책도 연필도 없이 수업을 듣는 학생이 많았지요.

그래도 학생들은 열심히 공부하려 애썼어요. 그동안 배우지 못한 우리말과 글, 그리고 우리 역사를 떳떳이 배울 수 있게 되었기 때문이에요. 교과서 뒷면에는 "열심히 공부해 나라의 역군 되자!"라는 말이 쓰여 있었어요. 당시 사람들은 공부를 해야 혼란스러운 시대를 헤쳐 나갈 수 있다고 여겼답니다.

광복 직후에 우리글을 읽지 못하는 사람의 비율이 80퍼센트나 되었다고 해요. 이런 사람들을 위해 우리말과 글을 가르치는 것이 가장 급한 일이었어요. 그래서 학교에서는 우리말과 글을 가르치는 《한글 첫걸음》, 《초등 국어 교본》, 우리 역사를 가르치는 《국사》, 민주주의를 가르치는 《공민》(사회와 도덕)을 가장 중요하게 생각했어요. 그 밖에 수학을 가르치는 《셈본》, 음악을 가르치는 《노래책》, 《가정과 학교》 등도 있었어요. 북쪽에서도 배우는 내용은 비슷했어요.

미 군정기 교과서
모든 것이 부족하고 힘든 가운데에도 배우려는 열기는 뜨거웠어요.

어린이들에게 큰절을 한 여운형

"나한테 절 받을 사람은 없다고 생각하지만, 어린이들만은 나한테 절 받을 자격이 있다."

1946년 5월 5일 광복 후 첫 어린이날, 축하 인사를 하러 행사장을 찾은 한 노신사가 이렇게 말했어요. 그는 바로 우리나라의 광복을 위해 애쓰고 광복 이후 건국 준비 위원회를 만들어 새로운 나라를 만들고자 노력했던 몽양 여운형 선생이에요.

연단에 오른 여운형 선생은 갑자기 어린이들에게 큰절을 했어요. 많은 사람에게 존경받는 어른이 어린이들에게 큰절을 올리다니요? 여운형 선생은 어린이들이 새로 만드는 나라를 이끌 주인공이기 때문에 잘 자라 달라는 마음을 담아 절을 올린 거예요.

여운형
여운형 선생은 해방 이후 사람들이 존경한 지도자 중 한 사람이었어요. 건국 준비 위원회 활동이 실패한 뒤 남북의 분단을 막기 위해 애쓰던 중 암살당했어요.

남북 분단, 다른 것을 배우는 어린이

수많은 사람의 노력에도 불구하고 남과 북의 사이는 점점 멀어졌어요. 그러다가 결국 1948년, 남한과 북한에 따로 정부가 들어서고 말았지요.

남과 북이 분단된 것은 슬픈 일이지만, 우리나라 '대한민국'이 세워진 것은 뜻깊고 중요한 일이에요. 다른 나라의 지배에서 벗어나 국민이 직접 선거를 통해 대표를 뽑는 '민주 공화국'이 세워진 것이지요. 북한에는 사회주의를 내세운 '조선 민주주의 인민 공화국'이 세워졌어요.

남한과 북한 모두 교육열이 대단했어요. 남한의 경우 글을 읽지 못하는 사람의 비율이 해방 직후 80퍼센트에 가까웠는데, 1959년에는 20퍼센트까지 낮아졌답니다. 남한과 북한 아이들이 배우는 내용은 점차 달라졌어요. 남한에서는 영어가 아주 중요했지만, 북한에서는 러시아어를 배웠지요. 사회나 도덕 과목에서 배우는 내용도 많이 달랐어요. 남한 아이들은 자본주의와 민주주의가, 북한 아이들은 공산주의와 사회주의가 좋다고 배웠지요.

이렇게 다른 교육을 거치면서 남과 북은 점점 다른 사회로 변해 갔어요. 그뿐 아니라 서로 생각하는 방식이 달라지면서 생활 모습도 조금씩 달라지기 시작했지요. 차츰 남한과 북한 사람들에게는 서로를 이해하려는 마음보다 두려워하는 마음이 자라났어요.

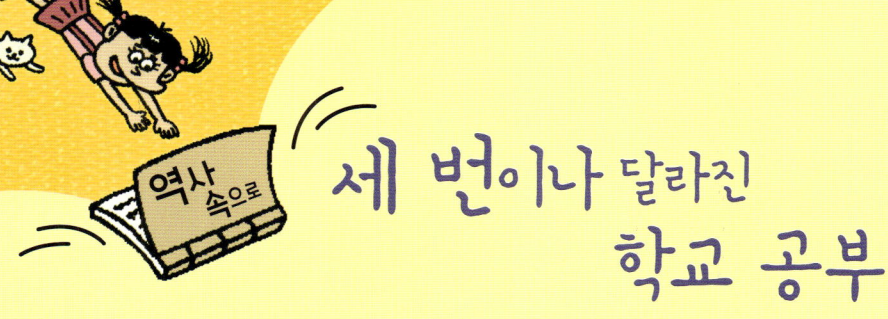

역사 속으로
세 번이나 달라진 학교 공부

1954년 봄, 연필이는 다시 학교에 다니게 되었어요. 전쟁이 끝난 지 얼마 안 되어 하루 세 끼 밥 먹기도 힘든 상황에서 학교를 다닌다는 건 큰일이었지요. 연필이는 4형제 중 유일하게 학교를 다녔으니 형들에게 늘 미안한 마음이었어요.

연필이는 연천에 살았어요. 1945년 국민학교에 입학했는데, 해방 전까지는 당연히 일본식 교육을 받았어요. 일본 이름을 쓰고 일본어를 배웠지요. 아침마다 '기미가요(일본의 국가)'를 부르고 "천황 폐하 만세!"를 외쳐야 했답니다.

그러다 해방을 맞았어요. 그 기쁨은 이루 말할 수 없었지요. 그런데 나라가 둘로 갈라졌어요. 북위 38도선을 기준으로 남쪽에는 미군이, 북쪽에는 소련군이 들어왔다는 거예요. 연필이가 사는 연천은 38도선 바로 북쪽에 있었어요. 지금까지 자유롭게 건너다니던 한탄강을 소련군이 막기 시작했어요. 이제 남쪽으로는 갈 수가 없게 된 거예요.

1948년 가을, 선생님이 "이제 '조선 민주주의 인민공화국'이 세워졌다. 우리는 공화국 국민이 되었다."고 알려 줬어요. 소련이 최고라고 배웠고 '김일성 장군의

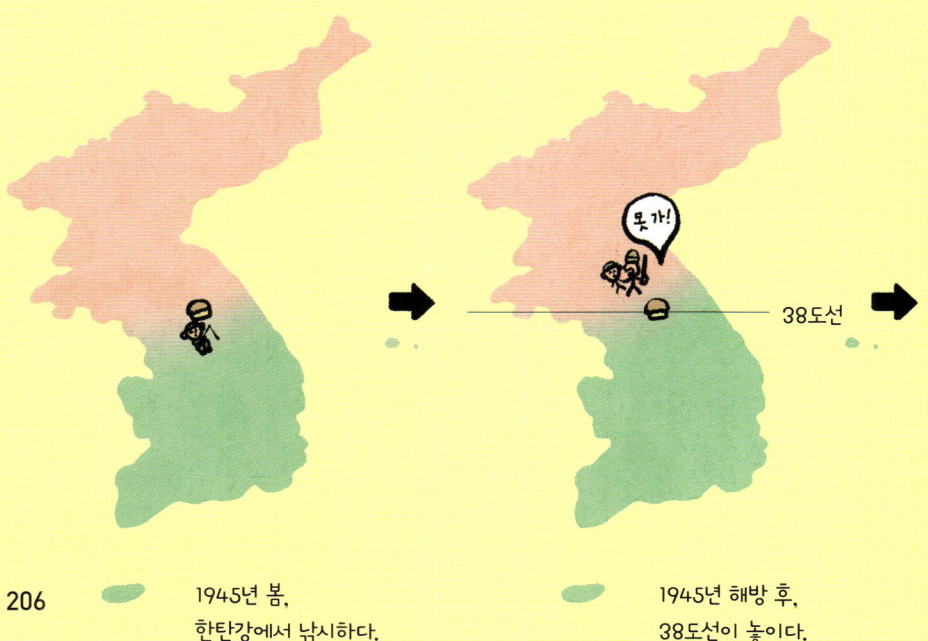

1945년 봄, 한탄강에서 낚시하다.

1945년 해방 후, 38도선이 놓이다.

206

노래'를 불렀지요.

 1950년 여름, 전쟁이 났어요. 학교는 문을 닫았고, 어른들은 피난 준비를 서둘렀어요. 연필이네도 평택으로 피난을 갔어요. 전쟁은 3년이나 계속되었고, 그동안 죽을 고비도 여러 번 넘겼어요.

 전쟁이 끝나면서 휴전선이 놓였어요. 연필이가 살던 마을은 이제 휴전선 남쪽, 대한민국 땅이 되었어요. 1954년, 학교가 다시 문을 열자 연필이는 열다섯 살이지만 5학년으로 학교생활을 시작했어요. 다른 아이들보다 나이가 많아 조금 창피했지만, 그래도 다시 친구들과 어울릴 수 있어 신났어요.

 새로운 학교는 이전과는 달랐어요. "동해물과 백두산이 마르고 닳도록……." 하는 애국가를 부르고, 민주주의에 대해 배우면서 공산주의는 나쁘다고 배웠어요. 미군과 유엔군이 전쟁에서 우리를 구해 줬다고 배웠고요. 몇 년 사이에 일본, 북한, 남한식 교육을 연이어 받으려니 혼란스럽기도 했어요.

 하지만 연필이는 그래도 다행이라고 생각했어요. 전쟁에서 살아남았고, 부모님도 모두 무사히 살아 계시니 말이에요. 거기다 이렇게 학교도 다닐 수 있으니까요. 열심히 공부해서 훌륭한 사람이 되어 부모님을 편하게 모셔야겠다는 생각에 학교 가는 길이 즐거웠어요.

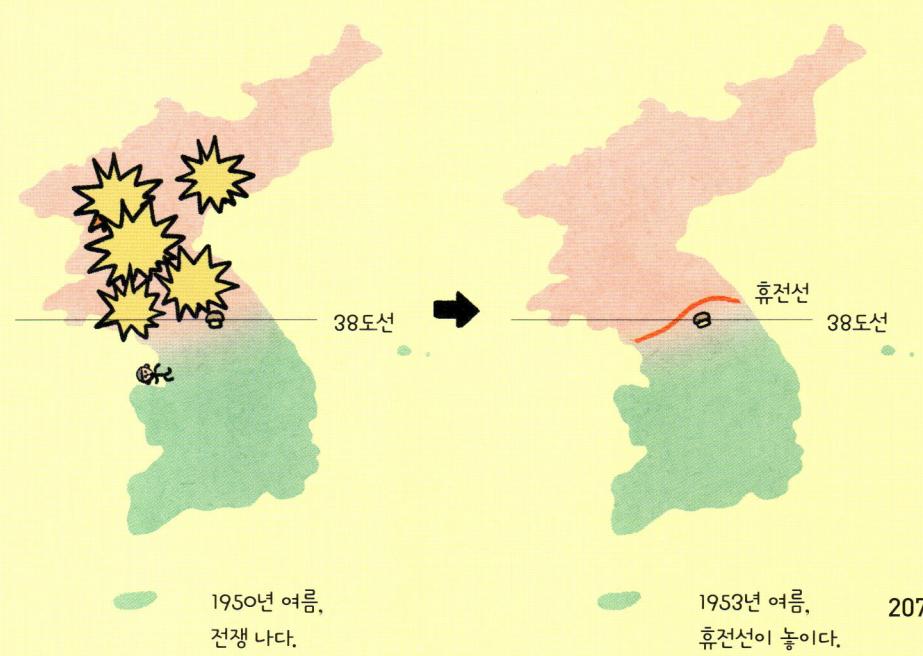

1950년 여름, 전쟁 나다.

1953년 여름, 휴전선이 놓이다.

전쟁 속에서 희망을 꽃피운 아이들

어머니!

나는 사람을 죽였습니다. 돌담 하나를 사이에 두고 10여 명은 될 것입니다. 저는 두 명의 특공 대원과 함께 수류탄이라는 무서운 무기를 던져 일순간에 죽이고 말았습니다. ……

어머니, 전쟁은 왜 해야 하나요? 이 복잡하고 피로운 심정을 어머니께 알려 드려야 내 마음이 가라앉을 것 같습니다. 저는 무서운 생각이 듭니다. 지금 제 옆에는 수많은 학우가 죽음을 기다리고 있는 듯 적이 덤벼들 것을 기다리며 뜨거운 햇볕 아래 엎드려 있습니다. ……

아! 놈들이 다가오고 있는 것 같습니다. 다시 또 쓰겠습니다. 어머니 안녕! 안녕! 아뿔싸, 안녕이 아닙니다. 다시 쓸 테니까요.

소년병까지 참여한 끔찍한 전쟁

이 편지는 서울의 동성중학교 3학년이던 열여섯 살 이우근 학생이 남긴 일기장 속 편지예요. 이우근 학생은 1950년 8월, 포항 전투에 참여했다가 죽음을 맞았어요. 왜 겨우 여러분의 형, 오빠뻘 정도 되는 학생들이 전쟁터에 나간 걸까요?

우리나라는 35년 동안 일본에 나라를 빼앗겼고, 해방이 되고 나서는 남과 북에 각각 나라가 세워져 서로 으르렁댔어요.

1950년 6월 25일, 북한군은 38도선을 넘어 남한을 공격해 왔어요. 전쟁 준비가 되어 있지 않았던 남한은 북한군을 제대로 막을 수 없었어요. 북한군은 겨우 3일 만에 서울을 빼앗아 버렸고, 순식간에 낙동강 지역까지 내려갔어요.

상황이 다급해지자, 이제 갓 중·고등학교에 들어간 어린 학생들까지 '소년병', '학도병'이라는 이름으로 전쟁터에 나가게 되었어요. 이우근 학생도 그중 한 명이었지요.

국제 연합(UN)은 북한을 침략자라 비난했으며, 남한을 돕고자 군인과 물자를 보내기로 결정했어요. 유엔군이 전쟁에 참여해 남한을 도우면서 반격이 시작되었어요. 유엔군과 남한군은 인천 상륙 작전을 성공시키면서 서울을 되찾았고, 38도선을 넘어 북한 지역으로까지 쳐들어갔어요.

그러자 이번에는 중국이 북한을 돕겠다고 나섰어요. 결국 우리나라는 세계 여러 나라가 싸우는 무서운 전쟁터로 변하고 말았어요. 이런 끔찍한 전쟁은 3년이나 계속되었어요.

전쟁을 거치는 동안 수많은 사람이 죽었고, 사람들 마음에는 큰 상처

휴전선
1953년 7월 27일, 휴전 협정이 맺어졌고 마지막까지 서로 싸우던 곳에 휴전선이 놓였어요.
휴전선은 지금도 넘을 수 없는 남북의 경계로 남아 있어요.

가 남았어요. 서로 밀고 밀리며 3년이나 싸웠지만 어느 쪽도 이기지 못했어요. 결국 수많은 희생자를 남긴 채 전쟁은 중단되었고, 휴전선이 그어졌어요. 이제 38도선 대신 휴전선이 남북을 나누는 경계가 되었어요.

전쟁을 피해 남쪽으로

"엄마, 엄마…… 어디 있어? 아빠, 엉엉…… 무서워!"

길거리에서 여덟 살 난 여자아이가 목 놓아 울부짖으며 엄마를 찾고 있었어요. 북한군의 공격을 피해 가족과 함께 피난 중이던 이 여자아이는 길에서 엄마의 손을 놓치는 바람에 홀로 떨어지게 된 거예요. 목이 터져라 엄마, 아빠를 불러 보았지만 어디에도 보이지 않았어요. 사람들은 측은한 얼굴로 아이를 바라볼 뿐이었죠. 소녀는 어쩔 수 없이 사람들을 따라 남쪽으로 내려갔어요.

끔찍한 전쟁으로 수많은 사람이 목숨을 잃었어요. 다치거나 가족과 헤어진 사람은 더 많았지요. 힘없는 여성, 노인, 어린이 들의 피해는 더 컸어요. 공중 폭격은 군인과 민간인을 가리지 않았지요.

많은 사람이 전쟁을 피해 피난을 떠났어요. 먼 길을 걷고 또 걸어야 해서 짐을 많이 챙길 수 없었어요. 피난민들에게는 모든 것이 부족했고, 고향을 떠나 낯선 땅에 이르러서도 자리 잡는 일은 쉽지 않았어요. 자칫

피난민촌
전쟁을 피해 목숨을 지키기 위해 많은 사람이 필사적으로
피난길에 나섰어요. 모든 것이 부족한 피난지에서도
사람들은 살아남으려고 안간힘을 썼어요.

하면 가족들을 잃어버리거나 홀로 떨어지는 일도 많았지요. 피난길에서 굶어 죽거나 얼어 죽는 사람도 있었어요.

전쟁 중 임시 수도였던 부산은 다른 지역에서 피난 온 사람들로 북적였어요. 산기슭에까지 천막이 들어서고 마을이 만들어질 정도였어요. 수도도 없고 화장실도 없다 보니 곳곳에 오물이 쌓였어요. 먹을 것이 없어서 밀가루 한 봉지라도 더 차지하려고 싸우기 일쑤였고, 군부대에서 먹다 남은 음식을 모아 '꿀꿀이 죽'을 끓여 먹기도 했어요.

"기브미 더 초콜릿, 기브미 더 초콜릿!"

배고픔에 굶주린 아이들은 미군이 탄 차가 지나가면 초콜릿을 달라고 외치며 따라다녔어요.

피난지에서도 잃지 않은 배움의 꿈

어디에서 폭탄이 터질지 모르는 상황에서도 배움은 계속되었어요. 학생들은 《전시 생활》이라는 과목을 배웠어요. 전쟁 중 생활에 대한 내용과 북한을 무찔러 몰아내자는 내용이었지요. 음악 시간에는 "서울로 평양으로 백두산까지……." 같은 노래도 배웠어요.

천막과 나무 막대기만으로 교실을 만들거나, 얼기설기 벽돌을 쌓아 임시 학교를 열었어요. 하지만 책상, 의자 같은 것들이 턱없이 부족했어요. 바닥에 거적을 깔고 앉아 수업을 듣는 학생들도 있었어요. 칠판은커녕 공책과 연필조차 구하기 힘들어 땅바닥을 공책 삼아, 나뭇가지를 연필 삼아 공부했지요. 겨울에는 천막 틈으로 바람이 숭숭 들어와 온몸이 꽁꽁 얼어붙었어요.

　이렇게 학교 시설도 좋지 않고 학용품도 부족했지만 선생님과 학생들은 배움을 포기하지 않았어요. 언젠가 전쟁이 끝나고 평화가 오면 다시 꿈을 펼칠 수 있으리라는 희망만은 버리지 않은 거예요.
　당장 먹을 것조차 없는 형편이었지만 부모님들은 자식들을 가르치려고 노력했어요. 이런 어려움 속에서 마침내 학교를 졸업하는 학생들을 위해 조촐한 졸업식이 열리기도 했어요. 전쟁터에서 보기 드문 감동적인 일이었어요.

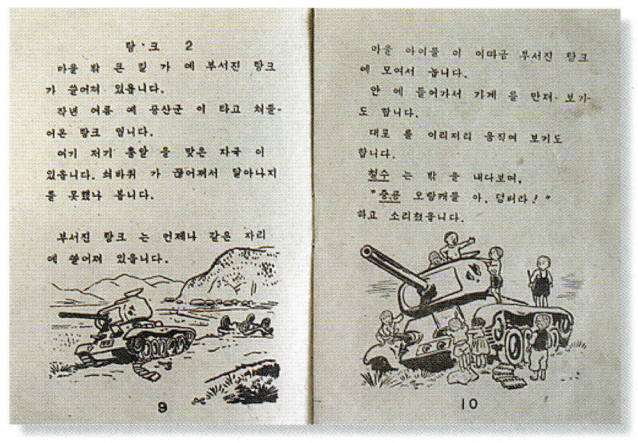

전시 생활 교과서
교과서에 실린 글과 그림을 보면 전쟁 당시 모습을 알 수 있어요.

전쟁고아와 해외 입양

많은 어린이가 부모님을 잃고 고아가 되었어요. 부모님이 돌아가시거나 혼잡한 피난길에 잃어버린 경우가 많았지요. 고아가 된 어린이들은 먹을 것이 없어 깡통을 들고 구걸하기도 했고, 살아가기 위해 신문팔이든 구두닦이든 닥치는 대로 일했어요. 이렇게 힘겹게 살다가 영양실조나 전염병에 걸려 죽는 고아도 많았지요.

전쟁 중에 고아원에 보내진 아이들은 그나마 운이 좋은 편이었어요. 비록 담요 한 장을 여러 아이가 함께 덮고 자야 했지만, 그래도 끼니 걱정은 덜 수 있었으니까요.

한 아이는 피난길에 부모님을 모두 잃었어요. 살던 집은 폭격으로 다 부서져 폐허가 되었지요. 오갈 곳 없던 이 소년을 한 미군 장교가 발견했어요. 소년을 딱하게 여긴 미군 장교가 그를 하우스 보이로 삼았어요. 하우스 보이는 미군 부대에서 군인들의 군화를 닦아 주는 등 잔심부름을 하는 소년을 말해요. 먹을 것은 물론이거니와 잠잘 곳도 마땅치 않던

이산가족 찾기 방송
전쟁이 끝난 지 30년 만인 1983년, 이산가족 찾기 프로그램이 방영되었어요. 헤어진 가족을 찾으려는 사연이 10만 건 이상 쏟아졌어요.

전쟁고아
1951년 제주도의 한 고아원 아이들이에요. 많은 어린이가 전쟁통에 부모 형제를 잃고 고아가 되었어요.

고아들에게 하우스 보이가 되는 것은 행운이었지요.

아이를 키울 형편이 안 되는 집도 많았어요. 당장 먹을 음식도 없어 아이를 고아원에 보내거나 다른 집에 입양을 보내야 했지요. 다들 먹고 살기 힘들었던 상황이라 해외 입양을 보내는 일이 많았어요.

우리나라 최초의 해외 입양은 열두 명의 전쟁고아가 미국으로 건너가면서 시작되었어요. 해외 입양은 1960~1970년대까지도 계속되어 무려 20만 명이 넘는 아이들이 외국으로 건너갔어요. 갓 태어나 영문도 모른

가자 지구 아이들
지금도 세계 곳곳에서는 전쟁이 일어나고 있어요. 팔레스타인 가자 지구는 이스라엘과의 분쟁으로 도시가 파괴되고 많은 사람이 죽었어요. 죄 없이 희생되는 가자 지구 아이들의 사연이 국제 사회에 알려지면서 전쟁을 멈춰야 한다는 목소리가 높아졌어요.

채 외국으로 가게 된 아이들은 자라면서 왜 자신의 피부색이 남들과 다른지 고민하며 많이 힘들었을 거예요.

 지금도 세계 곳곳에서 전쟁이 일어나고 있어요. 전쟁으로 고통받는 어린이들이 끊임없이 생겨나고 있지요. 전쟁이 지나간 자리에는 허물어진 집과 도시, 부모님을 잃고 세상에 혼자인 아이들이 남아요. 어른들은 왜 이런 끔찍한 전쟁을 할까요? 전쟁 없는 세상, 여러분이 만들어 가는 건 어떨까요?

어린 전태일, 노동에 뛰어들다

 태일이는 오늘도 땀을 뻘뻘 흘리며 손수레를 밀었어요.
 '얼른 돈 벌어서 공부해야지.'
 태일이는 30원을 벌기 위해 서울역에서 동대문 시장까지 손수레를 밀었지요.
 "구두 닦으세요! 반짝반짝 광나게 닦아 드릴게요."
손수레를 미는 '뒤밀이' 일이 없는 날에는 덕수궁 대한문 앞에서 구두를 닦고, 신문도 팔았어요. 밤이 되면 바람을 피해 담벼락 밑에서 가마니를 덮고 잠을 청했어요. 1950~1960년대 우리나라 여러 도시에는 태일이처럼 길에서 생활하는 청소년이 많았지요.

희망을 품고 서울로

한국 전쟁이 끝난 뒤 우리나라는 경제적으로 매우 어려웠어요. 일본의 식민 통치에서 벗어난 지 불과 5년 만에 일어난 전쟁은 많은 것을 파괴했어요. 나라의 살림살이는 물론 가정의 살림살이도 말이 아니었지요. 아이들을 학교에 보낼 형편이 안 되는 집이 많았답니다.

농촌에서는 보릿고개가 사라지지 않았어요. 농민들은 아무리 열심히 일해도 남는 것이 없어 가난에 허덕였지요. 서울을 비롯한 여러 도시는 일자리를 찾아 농촌에서 올라온 사람들로 넘쳐 났어요. 그러나 도시에도 생각만큼 일자리가 많지는 않았어요. 하루 벌어서 하루 먹고사는 사람이 많았지요.

전쟁으로 폐허가 된 서울
한국 전쟁 당시 서울의 모습이에요. 사람들은 전쟁으로 삶의 터전을 송두리째 잃고 말았어요.

　태일이네 가족은 전쟁이 끝나고 1년 뒤인 1954년에 서울로 올라왔어요. 아버지의 사업이 어려워지자 대구에서 서울로 이사 온 거예요.

　"막상 서울로 왔지만 마땅히 지낼 곳이 없군."

　"여보, 우리 서울역 근처 염천교 아래로 갑시다. 우리처럼 갈 곳 없는 사람들이 모여 사는 곳이래요."

　태일이네 가족은 염천교 밑에서 지냈어요. 아버지는 일자리를 찾아다녔지만 아무 성과 없이 빈손으로 돌아오는 날이 많았어요. 태일이가 서울역 주변을 다니며 동냥을 해서 얻은 돈으로 겨우 살아갈 만큼 점점 힘겨워졌지요.

　"여보, 이대로 가다가는 굶어 죽겠어요. 제가 채소 장사라도 하겠어요."

"나도 얼른 일자리를 찾아보겠소. 살 집도 구하고, 아이들 학교도 보내야 할 텐데……."

어머니가 채소 장사를 시작하고 아버지도 일을 구하면서 태일이네 형편은 좀 나아졌어요. 태일이는 곧 학교에 다닐 수 있게 되었지요. 태일이는 학교에 다닌다는 사실이 꿈만 같았어요. 그러나 기쁨도 잠시, 남대문 국민학교 4학년이었던 태일이는 학교를 그만두어야 했어요. 아버지가 하시는 일이 잘 안 되었거든요.

다시 천막촌에서 살게 된 태일이 가족은 하루하루 힘겹게 버텼어요. 어려움을 견디다 못한 태일이 가족은 아버지의 고향으로 내려가기로 결정했어요.

경제는 발전해도 대우받지 못하는 노동자들

1962년부터 정부에서는 '경제 개발 5개년 계획'을 시작했어요. 도시에 공장들이 들어서고, 점점 수출이 늘어났어요. 농촌 사람들은 서울로 모여들었어요. 도시에서 공장에 다니면 농촌에서 농사짓는 것보다 돈을 더 많이 벌 수 있다고 생각했던 거예요. 도시에 공장이 많아질수록 노동자도 더 많이 필요했어요.

1964년, 열일곱 살이 된 태일이는 돈을 벌어 공부하겠다는 생각으로 동생과 함께 무작정 다시 서울로 왔어요. 탑골 공원 후미진 담벼락 아래가 이들의 잠자리였어요. 낮이 되면 일거리를 찾아 도시를 돌아다녔어요. 찾을 수 있는 일은 많지 않았지만, 돈이 되는 일이라면 뭐라도 닥치는 대로 해야 했지요.

신발 공장과 피복 공장 단지
농업 중심의 산업이 공업 중심으로 바뀌면서 사람들은 일자리를 찾아 공장이 있는 곳으로 몰려들었어요.

　태일이는 청계천 평화 시장의 삼일사라는 공장에 취직해서 옷 만드는 재봉사 보조로 일하기 시작했어요. 청계천 평화 시장 주변에는 주로 옷 만드는 공장이 많이 모여 있었지요.
　"야! 오늘 할 일이 태산이다! 오늘까지 못 끝내면 월급은 없는 줄 알아."
　작업반장의 외침에 여기저기서 탄식이 섞여 나왔어요. 하지만 불만을 터뜨리는 사람은 없었어요. 잘못해서 잘리기라도 하는 날에는 그동안 일한 돈도 못 받고 쫓겨날 테니까요. 태일이 역시 뭐라고 한마디 하고 싶지만 꾹 참았어요.

가엾은 어린 여공들

　공장에서 일하는 여자를 '여공'이라고 불렀어요. 여공들은 대부분 시골에서 갓 올라온 열세 살에서 열다섯 살 정도의 소녀들이었지요. 여공들은 머물 곳이 없어 공장에서 잠을 자는 경우가 많았어요. 이들은 주로 오빠나 남동생의 학비를 벌기 위해 도시로 왔지요. 하루 종일 일하고도 일당 70원을 받았고, 그마저도 시골에 보내고 나면 남는 게 별로 없었어요. 아침만 겨우 해 먹고, 점심은 굶기 일쑤였지요.

하루 종일 먼지 구덩이 속에서 일하다 보니 폐결핵에 걸리기도 했어요. 제때 밥을 먹지 못하니 위장병을 앓기도 했고요. 어린 여공들의 꿈은 야간 학교라도 다니는 것이었어요. 당시 큰 공장에서는 공장 안에 학교를 만들어서 일하는 청소년들이 교육을 받을 수 있게 해 주었어요.

저렴한 비용으로 제품을 만들려는 기업가들은 노동자들에게 임금을 적게 주었어요. 공장의 환경도 아주 나빴지요. 노동자들은 창문 하나 없는 곳에서 햇빛도 보지 못하고, 자리에서 일어나면 천장에 머리가 닿아 제대로 허리조차 펴지 못하는 곳에서 일했어요. 먼지만 가득한 공장에서 일하다 보면 절로 가슴이 답답해졌지요. 이런 환경에서 하루에 12~16시간까지 일한 거예요.

태일이가 일하던 곳에도 여공이 많았어요. 여공들은 재단사가 되어 옷을 만드는 태일이를 부러워했어요. 자신들은 맨날 재봉사 보조 일만 해야 했으니까요. 태일이는 그런 여공들을 동생처럼 아꼈어요. 차비를

구로 공단 여공들
당시 낮에는 공장에서 일해 돈 벌고 밤에는 공부하는 학생이 많았어요.

아껴 여공들에게 풀빵을 사 주기도 했답니다.

적은 임금을 받고 고통을 참아 가며 일한 노동자들 덕분에 우리나라 경제는 눈에 띄게 성장했어요. 수출도 계속해서 늘었지요. 도시에는 높은 건물이 들어섰고, 고속도로가 놓이기 시작했어요.

노동자도 사람이다

태일이는 피를 토하며 기침하는 여공을 보면서 분노했어요.

'언제까지 이런 지옥 같은 곳에서 일해야 할까?'

그러던 태일이는 반가운 이야기를 들었어요. 근로 기준법에 노동자는 하루에 8시간만 일해야 한다고 적혀 있다는 거예요. 그러나 어려운 말로 쓰여진 근로 기준법을 이해하는 일은 쉽지 않았어요.

'내가 대학을 나왔더라면 참 좋으련만. 대학생 친구라도 있었으면······.'

태일이는 좌절하지 않고 근로 기준법에 대해 자세히 알기 위해 애썼어요. '바보회'라는 모임을 만들어 자신들의 어려운 상황을 알리고자 여러 노력을 했어요. 노동청과 서울시에 노동 조건을 개선해 달라고 요구하기도 했지요.

그러나 소용 없었어요. 대통령에게 편지를 쓰기도 했지만, 요구는 받아들여지지 않았지요. 경제 발전을 위한다는 핑계로 기업의 편에 서 있던 정부는 노동자들의 말에 귀 기울이지 않았어요. 오히려 태일이는 직장에서 쫓겨나고 말았어요.

저희의 요구는
1일 14시간의 작업 시간을 단축하십시오.
1일 10~12시간으로,
1개월 휴일 2일을 일요일마다 휴일로 쉬기를 희망합니다.
건강 진단을 정확하게 하여 주십시오.
시다공의 수당 현 70원 내지 100원을 50퍼센트 이상 인상하십시오.
절대로 무리한 요구가 아님을 맹세합니다.
인간으로서의 최소한의 요구입니다.
기업주 측에서도 충분히 지킬 수 있는 사항입니다.

-전태일이 대통령에게 쓴 편지 중에서

　다시 취직한 태일이는 '삼동 친목회'라는 노동자 모임을 만들었어요. 노동 환경을 바꿀 수 있는 방법에 대해 머리를 맞대고 고민했어요. 그리고 시위를 벌이기로 마음먹었지요.

　1970년 11월 13일, 평화 시장 앞에는 아무짝에도 쓸모없는 근로 기준법을 불태우려고 노동자들이 모였어요.

　노동자들은 "일주일에 한 번은 햇빛을 보게 해 달라!", "우리는 기계가 아니다!"라고 적힌 팻말을 들고 시위를 벌였어요. 경찰들이 그들을 해산시키려고 하자 전태일은 자신의 몸에 불을 붙였어요. 한 손에 근로 기준법을 든 그는 있는 힘을 다해 외쳤어요.

"근로 기준법을 준수하라! 노동자는 기계가 아니다!"

그의 죽음으로 사람들은 노동자들의 어려움을 알게 되었어요. 경제 발전이라는 거대한 흐름에 가려진, 적은 임금을 받으며 어려운 환경에서 일해야 했던 노동자들의 그늘을 볼 수 있게 된 거지요. 이후 노동자들은 자신의 권리를 소리 높여 주장할 수 있게 되었답니다.

최근에 전태일이 생활했고 죽음을 맞이한 청계천 버들다리 위에 그의 동상이 세워졌어요. 그의 정신을 기리기 위해서지요. 전태일의 동상은 지금도 이렇게 말하고 있답니다.

"노동자도 사람이다. 사람답게 살아야 한다!"

분신 당시의 신문 기사
1970년 11월 14일자 《동아일보》 기사예요.

전태일 동상
전태일이 분신한 서울의 청계천 5가 평화 시장 앞에는 전태일을 기리는 동상이 세워져 있어요.

엄마, 아빠 어릴 적에

"야, 여기 넘어오면 안 돼! 이제부터 넘어오는 건 다 내 거야!"

"흥, 좋아. 지금부터 책상에 38선 그을 거니까 너나 넘어오지 마."

놀이를 하고 있는 거냐고요? 여러분의 엄마 아빠가 학교에 다닐 때 교실에서 흔히 볼 수 있었던 모습이랍니다.

엄마와 아빠가 학교에 다니던 시절에는 또 어떤 일들이 있었을까요?

좁디좁은 콩나물 교실

한국 전쟁이 끝나자 사람들은 아이를 많이 낳았고, 우리나라의 출산율은 급속도로 높아졌어요. 이를 '베이비 붐'이라고 해요. 그렇다 보니 1970년대에는 학생 수도 부쩍 늘었지요. 학생 수가 늘어난 데 비해 학교 시설과 선생님은 턱없이 부족했어요. 그래서 60~70명의 학생들이 한 교실에서 수업을 들어야 할 형편이었어요. 학생 수만큼의 책상과 의자만 놓아도 교실이 꽉 찰 지경이었지요. 여러분이 지금 쓰고 있는 개인용 의자와 책상을 갖추는 일은 꿈도 꿀 수 없었어요. 어른 다섯 명이 앉는 의자에 열 명의 학생이 앉기도 했는걸요.

"야, 나 화장실 가야 해. 좀 비켜 봐."

"어휴, 귀찮아. 왜 자꾸 나오고 그래."

편히 돌아다닐 공간조차 없는 교실의 모습은 마치 콩나물이 빽빽이 담겨 있는 시루 같았어요. 교실의 크기는 지금과 거의 비슷하지만 학생 수는 거의 두 배 이상 많았지요.

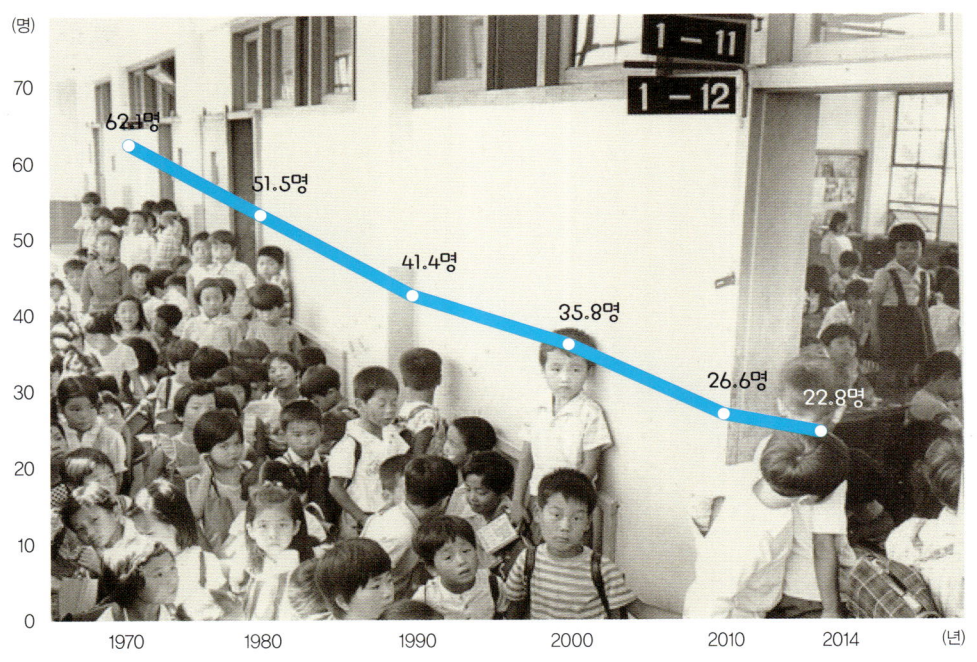

초등학교 학급별 학생 수 변화
교실이 부족해 2부제 수업을 진행할 때는 오전반이 끝나기를 기다리거나 아예 운동장에서 공부하는 학생들도 있었어요.

초등학교에서는 교실이 모자라서 2부제로 나누어 수업을 진행할 수밖에 없었어요. 오전반과 오후반이 같은 교실을 번갈아 가며 사용한 거지요. 오후반 학생들은 집에서 점심을 먹고 학교에 갔어요. 오전반 수업이 끝날 즈음이면 교실 밖 운동장에 오후반 아이들이 웅성거리며 모여 있었지요.

혼분식도 하고, 빈 병도 모으고

교실은 비좁고 낡은 책상과 의자는 불편했지만 그래도 학교생활은 즐거웠어요.

"얘들아, 땅따먹기 하러 가자!"

"우리는 말뚝박기 할 건데."

점심시간이면 아이들은 고무줄놀이, 공기놀이, 공차기, 닭싸움, 말뚝박기, 땅따먹기 같은 놀이를 하며 재미있게 보냈어요.

"오늘 수업 끝나고 시냇가에 가서 물놀이 할 사람 모두 모여라!"

"그래, 좋아. 개구리도 잡아 구워 먹자!"

방과 후에는 친구들과 어울려 산과 들로 돌아다니며 놀았어요. 동네 골목길은 왁자지껄 떠들며 노는 아이들의 소리로 가득 찼어요. 아이들은 다방구, 술래잡기, 구슬치기, 딱지치기 등을 하며 신나게 놀았어요. 컴퓨터나 게임기가 없어도 하루가 어떻게 가는 줄 모르게 놀았지요.

물론 항상 놀기만 한 건 아니에요. 수업이 끝난 뒤 청소 시간에는 바닥에 광을 내려고 초나 왁스를 칠하고는 걸레를 신고 돌아다녔어요. 무릎을 꿇고 앉아 구구단을 외며 박자에 맞추어 걸레질을 하기도 했지요.

"병석이랑 성민이는 화장실 청소하고 가야 한다."

"에휴, 싸우지 말걸……."

화장실 청소는 아이들이 가장 싫어하는 벌이었어요. 반면 소풍이나 운동회는 어린이들이 늘 손꼽아 기다리는 날이었지요. 소풍은 가까운 공원이나 뒷동산에 가는 경우가 많았어요. 도시에 사는 아이들은 동물원과 놀이동산에 가기도 했고요. 소풍 가면 빼놓지 않고 했던 놀이가 보물찾기예요. 수건돌리기도 하고 장기 자랑도 펼쳐졌답니다. 운동회 날은 마치 온 동네 사람이 모여 잔치를 벌이는 것 같았어요. 부모님을 비롯해서 할아버지, 할머니, 친척들까지 경운기에 맛있는 음식을 싣고 학교에 오셨답니다.

당시 나라에서는 근검절약을 강조했어요. 이 때문에 학교에서는 폐지나 빈병, 고철 등을 모아 오도록 했어요.

지금은 학교에서 급식을 먹지만 그때는 도시락을 싸서 가지고 다녔답니다. 단 아무 밥이나 싸 갈 수 없었어요. 나라에서 강조하던 혼분식 장려 운동 때문에 쌀에 보리나 콩 등이 섞인 도시락을 싸야 했지요. 혼분식

혼분식 장려 운동
쌀이 부족했던 우리나라는 혼분식 장려 운동으로 이를 이겨 내고자 했지요.

장려 운동은 쌀 부족 문제를 극복하기 위해 쌀에 보리나 콩 등을 섞어 먹거나 밀가루 음식을 먹자는 운동이었어요.

자유를 억압한 반공 교육

한국 전쟁 이후 남과 북으로 분단된 상황에서 정부는 반공을 강조했어요. 학교에서도 공산주의를 반대하고 북한을 무찔러야 한다고 가르쳤지요. 조회 시간에 교장 선생님이 인사할 때 '안녕하세요?'가 아니라 '멸공' 또는 '승공'이란 구호를 외쳤어요. 이런 반공 교육은 국민들의 자유를 억압하는 데 이용되었어요.

전쟁이 일어났던 6월에는 반공 포스터 그리기, 반공 글짓기, 반공 동시 짓기 대회 등이 열렸어요. 반공은 책이나 만화, 영화, 애니메이션에도 단골 소재였지요. 〈똘이 장군〉은 초등학생이 반드시 관람하는 반공 만화 영화였답니다.

"선생님, 북한 군인들은 정말 〈똘이 장군〉에 나오는 늑대같이 생겼나요?"

만화 영화 속에서처럼 북한 군인들은 모두 늑대고 김일성은 돼지이며, 북한 사람들은 모두 헐벗고 굶주리는 불쌍한 사람이라고 믿는 어린이도 많았답니다.

심지어 새벽에 산에서 내려오는 사람은 북한에서 온 간첩이니 신고해야 한다고 배우기도 했어요. 고무줄놀이를 하며 부르던 노래 중에는 "무찌르자 공산당, 몇 천만이냐……"라는 가사도 있었고요.

반공 교육
수업 과목으로 '반공'은 필수였고 《반공독본》이라는 교과서도 있었어요. 〈똘이 장군〉 영화를 학교에서 함께 보기도 했지요.

군대 같은 학교

"전체 차렷! 열중쉬어! 뒤로 돌아가! 제자리에 서! 전방을 향하여 경례!"

"멸공!"

운동회가 얼마 남지 않은 10월의 어느 오후, 아이들은 집에도 못 가고 두 시간째 뙤약볕에서 운동회 입장 연습을 하고 있어요. 학생들은 마치 군인처럼 줄을 맞춘 뒤 발을 맞추며 걸었어요. 선생님의 구령에 따라 큰 소리로 외쳐야 했지요. 내리쬐는 햇볕 아래에서 오랜 시간 연습하다 보니 가끔 쓰러지는 아이도 있었어요.

고등학교에는 교련 시간이 있었어요. 학생들을 군인처럼 훈련시키는 교육이었지요. 총검술을 배우고 수류탄 던지기도 연습했어요. 여학생들은 붕대 감기 등 응급 상황에서 치료하는 방법을 배웠어요. 교련 시간에 입는 옷은 군복과 비슷했답니다.

이렇게 학교가 군대 같았던 이유는 학교도 군대처럼 규칙에 따라 교육을 해야 한다고 여겼기 때문이에요. 걸을 때는 힘차게 팔을 앞뒤로 흔들고,

군인들처럼 인사하는 방법을 배웠어요. 학교에서 선생님들이 주는 벌 중에는 군대에서 쓰이는 벌도 많았어요. 원산폭격이나 엎드려뻗쳐, 선착순 등의 벌을 받았지요.

아이들은 "전우의 시체를 넘고 넘어 앞으로 앞으로……" 같은 군가를 즐겨 불렀어요. 나뭇가지로 총을 만들어 총싸움 놀이도 했고요.

시간이 지나면서 반공 교육도 사라지고, 군대 같던 학교의 모습도 서서히 바뀌었어요. 학생들은 도깨비나 늑대로 그리던 북한 사람들을 우리와 같은 모습으로 그렸어요. 이후 북한과 교류가 활발해지면서 우리나라 대통령이 북한을 방문하기도 했답니다.

엄마, 아빠가 다니던 학교는 지금의 학교와 조금 다른 모습이었지요? 하지만 변하지 않은 모습도 있어요. 열심히 공부하고 친구들과 즐겁게 놀며, 자신의 꿈을 키우려고 노력하는 모습. 이런 모습들은 예나 지금이나 모두 똑같답니다.

민주주의, 어린이도 나라의 주인

"너희 소식 들었니?"

"무슨 소식?"

"옆 반 한승이가 총에 맞아 죽었대!"

"뭐? 총에 맞아? 어디 전쟁 났어?"

"아니, 어제 언니, 오빠 들 따라 광화문에 나갔나 봐."

"나도 들었어. 총 맞아 죽은 사람이 한둘이 아니라는데……."

"말도 안 돼!"

어린이도 참여한 4·19 혁명

1960년 4월, 수송초등학교 학생들은 친구 전한승의 죽음에 깜짝 놀랐어요. 날마다 "부정 선거 다시 하라!"는 시위가 벌어지고 있다는 사실은 알

전한승 군의 명예 졸업식
전한승 군은 국립 4·19 민주 묘지에 고이 잠들어 있어요.

았지만, 시위하는 사람들에게 경찰이 총까지 쏠 줄은 꿈에도 생각하지 못했으니까요. 수송초등학교 학생들은 친구의 죽음을 두고 볼 수 없었기에 서로 어깨동무를 하고 거리로 나섰어요.

"우리 부모 형제들에게 총부리를 대지 마세요!"

1948년, 우리나라의 첫 번째 대통령이 된 이승만은 1960년에 네 번째 대통령 선거에 나섰어요. 이렇게 여러 번 대통령이 되려고 헌법도 두 번이나 고쳤어요. 이승만을 따르던 사람들은 자신들의 정치 주도권을 잃지 않으려고 선거를 조작했어요. 사람들에게 이승만을 찍도록 강요했을 뿐 아니라, 돈을 주고 표를 사거나 다른 사람을 대신해 투표하고 투표함에 미리 표를 넣어 두기까지 했어요.

사람들은 민주주의의 기본인 선거를 이렇게 엉망으로 만든 데 분노해 들고일어났어요.

"부정 선거 다시 하라!"

"경무대(대통령이 살던 청와대를 부르던 이름)로 가자!"

1960년 4월 19일, 수많은 사람이 모여 이렇게 외쳤어요. 시위대 중에는 어린이와 학생도 많았어요. 시위 행렬이 경무대 앞에 들어서자 경찰은 총을 쏘기 시작했어요. 총소리와 함께 사람들이 피를 흘리며 쓰러졌지요. 이날 전한승 학생을 비롯해 20명이 넘는 사람이 숨졌답니다.
　하지만 총으로도 분노한 시민들을 막을 수는 없었어요. 시위는 계속되었고, 결국 이승만은 대통령에서 물러났어요. 국민의 힘으로 독재자를 몰아낸 거예요. 이 사건을 '4·19 혁명'이라고 합니다.

민주주의를 되찾기 위한 싸움

대한민국은 민주공화국이다.
대한민국의 주권은 국민에게 있고, 모든 권력은 국민으로부터 나온다.

우리나라가 어떤 나라인지를 잘 말해 주는 헌법의 첫 대목이에요. 헌법에는 국민이 나라의 주인이며, 국민의 뜻에 따라 대표자를 뽑고, 국민의 뜻에 따라 나라를 운영해야 한다고 쓰여 있지요.

5·16 군사 쿠데타
4·19 혁명 이후 헌법을 고쳐 의원 내각제 정부가 들어섰어요. 하지만 1년 뒤 박정희 등 군인들이 이 정부를 무너뜨리고 권력을 잡았지요. 무력으로 정부를 무너뜨리고 권력을 잡는 것을 '쿠데타'라고 해요.

 민주주의는 어른들만의 문제가 아니랍니다. 어린이, 여성, 장애인 같은 약자들이 차별받지 않고 떳떳이 살기 위해서는 민주주의가 절실히 필요해요. 4·19 혁명은 바로 민주주의를 되찾기 위한 싸움이었어요.
 하지만 4·19 혁명 이후에도 민주주의 역사는 순탄치 못했어요. 1961년, 박정희를 비롯한 군인들이 "사회가 혼란스러워 북한의 침략이 우려된다."며 들고일어나 권력을 차지해 버렸지요. 국민이 뽑은 정부를 무너뜨리고, 군대의 힘으로 권력을 잡은 거예요. 이후 박정희는 대통령이 되어 1979년까지 무려 19년 동안이나 나라의 권력을 자기 마음대로 휘두르는 독재 정치를 했어요.

민주주의 없는 세상에서 산다는 것

박정희 정권은 1972년 '유신 헌법'을 만들었어요. 이 헌법은 대통령의 권한을 왕처럼 부풀려 놓았어요. 국회 의원의 3분의 1을 대통령이 임명했고, 법 없이도 대통령이 마음대로 사람들을 잡아 가두고 처벌할 수 있었어요. 자신에게 반대하는 사람을 억누르고 독재 정치를 할 수 있게 만든 거예요.

　죄 없는 사람들이 정부를 비판했다는 이유로 끌려가 고문당했고, 간첩으로 몰려 감옥에 갇히거나 심지어 사형을 당하기까지 했어요. 밤 12시가 지나면 허가 없이 거리를 다닐 수 없었고, 신문이나 방송은 보도 전에

정부의 허가를 받아야 했어요. 노래 가사도 모조리 검열해서 조금이라도 문제가 있으면 방송을 금지시켰어요.

거리에서는 경찰들이 머리카락이 긴 젊은이들을 잡아 강제로 머리카락을 자르고, 치마 길이가 짧은 여자들에게는 모욕을 주고 벌금을 매겼어요. 매일 저녁 5시가 되면 국기를 내리는 의식을 치렀어요. 거리에 애국가가 울려 퍼졌고, 거리를 지나던 사람들은 모두 멈춰 서서 국기에 대한 경례를 해야 했어요.

중·고등학교에서는 교련이라는 과목이 생겨 매주 군사 훈련을 했고, 초등학교에서도 군대식 조회나 반공 웅변 대회가 수시로 열렸어요.

"우리는 민족중흥의 역사적 사명을 띠고 이 땅에 태어났다. 조상의 빛난 얼을……. 아, 못 외우겠어."

"그래도 집에 가려면 외워야지. 다 외우기 전에는 집에 안 보내 준다니……."

"무슨 뜻인지도 모르겠는데 이 긴 글을 어떻게 다 외운담?"

초등학생까지 '국민 교육 헌장'이라는 글을 달달 외워야 했지요. 세상이 얼어붙을 판이었어요.

국민 교육 헌장 교과서
1968년, 박정희 대통령에 의해 선포된 교육 헌장이에요. 초·중·고등학교 교과서에도 실려 강제로 외워야 했어요. 1994년이 되어서야 교과서에서 없어졌어요.

5·18 민주화 운동의 빛난 희생

1979년 10월, 박정희 대통령은 부하가 쏜 총을 맞고 숨을 거두었어요. 사람들은 대통령이 부하가 쏜 총에 맞아 죽은 일에 놀라고 안타까워했지만, 한편으로는 그동안 빼앗겼던 민주주의를 되찾을 수 있으리라는 희망에 부풀었어요.

그러나 이런 희망은 또다시 권력 욕심에 눈먼 몇몇 군인 때문에 무너졌어요. 전두환, 노태우를 비롯한 군인들이 탱크를 몰고 서울로 들어와 권력을 잡았지요. 이들은 민주주의를 되찾자는 국민들의 요구를 무시하고, 계엄령을 선포해 군인 통치를 계속하려 했어요.

1980년 5월, 광주에서는 군인들의 통치를 끝내고 민주주의를 되찾자는 목소리가 점점 커졌어요.

"비상계엄(전쟁이나 전쟁에 버금가는 위기 상황이 되면 경찰 대신 군인들이 출동해 질서를 유지하고 국민의 권리를 일부 제한하는 상황)을 해제하라!"

"민주화 일정을 밝혀라!"

전두환은 민주주의를 향한 국민들의 간절한 목소리를 틀어막으려고 공수 부대를 보내 광주 시민들을 무자비하게 진압했어요. 이에 민주주의를 요구하던 평범한 시민들이 군인들의 총칼에 피를 흘리며 쓰러졌지요. 150명도 넘는 사람의 목숨이 사라졌어요. 너무 끔찍한 일이었어요. 중·고등학생 희생자도 많았고, 하루아침에 부모와 가족을 잃고 홀로 남은 어린이도 많았어요.

사진으로 보는 5·18 민주화 운동

군인과 시민이 대치한 광주 금남로
수많은 사람이 죽고 다치고 실종되었지만 이러한 희생은 감추어졌고, 1981년 이후부터 서서히 진실이 알려지기 시작했어요. 1997년에는 5월 18일이 국가 기념일로 지정되었고, 2011년에는 5·18 민주화 운동 기록물이 유네스코 세계 기록 유산이 되었어요.

희생된 사람들
1980년 5월 29일, 5·18 민주화 운동으로 희생된 129명의 장례식이 거행된 망월동은 이후 5·18 민주화 운동을 상징하는 장소가 되었어요. 지금은 국립 5·18 민주 묘지로 조성되어 있어요.

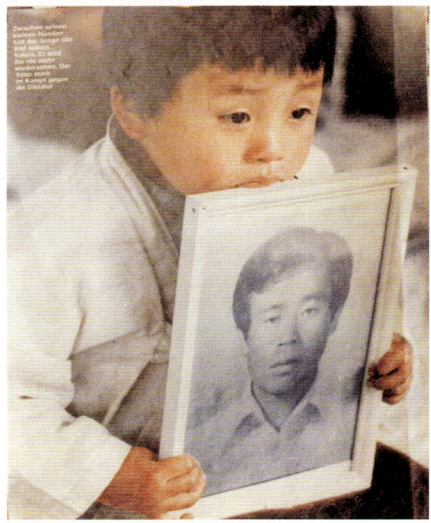

아버지의 영정을 든 아이
어린 아이가 5·18 민주화 운동 당시 총에 맞아 죽은 아버지의 사진을 들고 있어요.

5·18 민주화 운동을 소재로 한 영화
1980년 5월 광주가 배경인 이 영화는 2007년에 개봉되었어요.

민주주의의 다시 힘찬 발걸음, 6월 민주 항쟁

광주를 짓밟은 전두환은 결국 대통령이 되었어요. 하지만 사람들은 결코 5·18 민주화 운동의 값진 희생을 잊을 수 없었어요. 많은 사람이 군사 정부에 반대해 싸웠답니다. 전두환도 박정희처럼 자신에게 반대하는 사람들은 북한 편이라고 몰아세우며 탄압했어요. 없는 죄를 만들어 내려고 고문도 서슴지 않았어요.

1987년에는 서울대학교 학생 박종철 군이 물고문을 받다가 숨지는 일까지 벌어졌어요. 고문 사실을 숨기려고 몇 번이나 거짓말한 사실도 들통 났지요.

"'탁' 하고 책상을 치니 '억' 하고 죽었다고? 그게 말이 돼?"

"국민을 얼마나 우습게 알면 그런 거짓말을 할까?"

사람들은 잔인한데다가 국민을 속이기까지 하는 정부에 분노했어요.

박종철 군의 장례 행렬
서울대학교 학생이던 박종철 군은 시위 도중 잡혀가 모진 고문을 받다가 사망했어요.
이 청년의 죽음은 시민들의 분노를 일으켰고, 6월 민주 항쟁에 불을 지폈어요.

게다가 1987년은 전두환의 임기가 끝나고 새로운 대통령을 뽑는 해였어요. 사람들은 "헌법을 바꿔 대통령을 직접 뽑자!"며 목소리를 높였지요. 하지만 전두환은 헌법을 바꾸지 않겠다고 발표했어요. 국민들의 뜻을 무시한 거예요. 분노한 국민들은 전국에서 시위를 벌였어요. 특히 연세대학교 학생 이한열 군이 최루탄에 맞아 중태에 빠지자 시위는 더욱 격렬해졌어요. 경찰은 시민들에게 최루탄을 마구 쏘아 대며 시위를 막으려고 했지만, 그럴수록 시위는 번져 나갔어요.

"호헌 철폐(전두환이 헌법을 고치지 않고 지키겠다고 하자, 이를 반대하며 시민들이 외친 구호. 대통령을 국민이 직접 뽑도록 헌법을 고치자는 주장), 민주 쟁취! 최루탄을 쏘지 마라!"

결국 당시 대통령 후보였던 노태우는 헌법을 바꾸겠다고 약속할 수밖에 없었어요. 국민의 힘이 독재자를 항복시킨 것이지요. 이후 국회에서 국민의 뜻을 존중하는 새로운 헌법을 만들었어요. 이 헌법은 지금까지도 이어지고 있답니다. 그러니 지금의 대한민국은 1987년 6월 민주 항쟁으로 만들어졌다고 볼 수 있어요.

명동성당 농성
1987년 6월, 시위를 벌이던 시민과 학생 들이 경찰에 쫓겨 명동성당에 모였어요. 이때 성당 바로 옆 계성여고의 학생들이 시위대에게 힘을 내라며 자기 도시락을 건네주었대요.

촛불 집회, 간절한 바람

이렇게 1987년 이후부터 우리나라에 민주주의 시대가 활짝 열렸어요. 하지만 민주주의는 한 번에 뿌리내리는 것이 아니라 계속 만들어 가야 해요. 그러니 민주주의가 후퇴하는 일을 막으려면 국민들이 계속 눈을 부릅뜨고 지켜 내야만 하지요.

2002년, 경기도 양주에서 미선이와 효순이라는 중학생이 미군 탱크에 깔려 숨지는 끔찍한 사건이 벌어졌어요. 하지만 이 사건을 일으킨 미군은 미군 법정에서 무죄로 풀려났지요. 국민들은 꽃다운 여학생들의 목숨이 스러졌는데도 그 누구도 처벌받지 않는 현실에 분노했어요.

이에 미선이와 효순이를 추모하자는 목소리가 퍼지기 시작했어요. 특히 미선이와 효순이 또래의 학생들이 촛불을 들고 광장을 메웠어요. 이들은 누구보다 열심히 집회를 지켰어요. 결국 정부는 미군 범죄에 대해 우리가 좀 더 적극적으로 개입할 수 있도록 규정을 바꾸겠다고 약속했지요.

2008년에는 미국산 쇠고기 수입 조건을 둘러싸고 광우병 걸린 쇠고기가 수입될지도 모른다는 불안감에 휩싸인 시민들이 한데 모였어요. 이 집회에는 유모차를 끌고 나온 젊은 엄마와 엄마 손을 잡고 나온 어린이도 많았지요. 촛불을 든 국민들의 항의로 결국 쇠고기 수입 조건을 좀 더 엄격하게 바꿀 수 있었답니다.

민주주의가 밥 먹여 준다

민주주의나 정치는 어른들만의 문제가 아니에요. 우리 모두의 문제이자 모든 사람의 삶과 관련된 문제예요. 지금은 거의 모든 지역에서 실시되고

있는 무상 급식도 처음에는 말도 안 되는 소리로 여겨졌어요. 하지만 많은 사람이 무상 급식을 지지하고 이를 공약으로 내세운 후보를 뽑자, 어느 순간부터 무상 급식은 당연한 일이 되었지요.

정부나 지방 자치 단체에서 하는 일, 할 수 있는 일은 엄청나게 많아요. 그리고 그 모든 일은 국민의 세금으로 하지요. 정부나 지방 자치 단체가 제대로 일해서 국민들이 더 행복하게 살 수 있도록 우리가 감시하고 충고해야 해요. 그래야 우리 동네, 나아가 우리나라가 더욱 살기 좋아지니까요. 국민이 국가를 무서워하는 것이 아니라, 국가가 국민을 무서워하도록 해야 해요.

우리 어린이들이 좀 더 자유롭고 행복하게 살기 위해서도 민주주의는 꼭 필요하답니다. 민주주의를 발전시키는 일은 그리 거창하거나 어렵지 않아요. 민주주의를 지키다가 돌아가신 분들을 잊지 않는 것, 여기서부터 시작해 보면 어떨까요?

세월호 추모 행렬
2014년 4월 16일, 제주도로 수학여행을 가던 안산 단원고 학생들과 일반인이 탄 배인 세월호가 침몰해 300명이 넘는 사람들이 목숨을 잃었어요. 이에 대한 진상 규명과 책임자 처벌을 요구하는 촛불 집회가 열렸고, 노란 리본을 달고 노란 종이배를 띄우는 등 실종된 분들이 돌아오길 기원하는 의식이 계속되었지요.

다르면서 같은 친구, 조선이

"니들은 곽밥도 따로 준비하지 아니하고?"

"선생님이 재미있게 배워 주니, 어찌 좋지 않갔니?"

'곽밥'은 '도시락', '배워 주니'는 '가르치니'라는 말이에요. 어디 사투리 같나요? 바로 북한 말이랍니다. 이렇게 북한과 우리는 쓰는 말이 조금씩 달라 서로의 말을 잘 이해하지 못하기도 해요. 하지만 북한 어린이들이 어떻게 생활하는지부터 차근차근 알아 간다면 그들에게 더 가까이 다가갈 수 있을 거예요.

북한 어린이, 조선이의 하루

조선이는 북한의 소학교 3학년 학생이에요. 소학교는 우리의 초등학교랍니다. 우리나라의 초등학교는 6년제이지만 북한의 소학교는 4년제예요.

북한 소학교 학생들의 하루는 어떨지, 조선이의 일과를 함께 따라가 볼까요?

아침 6시 30분 조선이는 동네 형, 누나, 동생 들과 만나서 함께 학교에 가요. 그렇지 않은 아이들도 있지만 조선이네 학교 아이들은 이렇게 매일 함께 모여 학교에 간답니다. 그러다 보니 지각이라도 하는 날에는 형들에게 혼쭐이 나지요. 학교에 도착하면 주변 청소를 하고 자습을 해요.

7시 40분 선생님이 출석을 부르고 나면 반 친구들과 한소리로 '김일성 교시'와 '김정일 말씀'을 읽는답니다.

8시 수업이 시작되지요. 수업 시간은 45분이고, 쉬는 시간은 10분이에요. '소년 율동 체조'를 하는 시간도 있답니다. 수업 중간 중간에 하는 체조라서 '업간 체조'라고 해요. 점심시간에 하는 놀이로는 단연 축구가 인기예요.

북한의 소학교 학생들은 우리와 마찬가지로 도덕, 국어, 수학 등의 과목을 배우고 독서 활동도 한답니다. 물론 다른 것도 배우지요. 김일성의 어린 시절에 대해 배우고, 김정일 관련 기사와 이야기를 돌려 읽기도 해요. 북한에서는 김일성과 김정일을 신처럼 떠받들기 때문이에요. 그래서 김일성과 김정일의 생일은 북한에서 가장 중요한 명절이랍니다.

12시 30분 점심시간 즈음 수업이 끝나요. 북한에서는 수업이 끝나면 '총화'라는 것을 해요. 담임 선생님과 학생들이 함께 학급에서 문제를 일으킨 사람을 지적하고 반성하는 시간이에요. 이 시간만큼은 모두가 바짝 긴장하지요. 학교에서 급식을 하지 않기 때문에 도시락을 싸 오거나 집에 가서 점심을 먹고 다시 학교에 와요.

    2시 30분 점심을 먹고 나면 학교로 돌아와 복습을 해요. 그러고는 소조 활동을 하기도 해요. 소조 활동이란 우리나라 학교의 방과 후 활동 같은 거예요.

    학교에서는 공부 말고도 여러 가지를 한답니다. 청소도 하고 화단도 정리해요. 농장이나 농촌에 가서 일손을 돕기도 하지요.

    4시 학교에서 마무리 청소까지 끝내고 나면 집에 돌아갈 시간이에요. 오늘은 집안일 도울 것도 없으니 친구들과 놀 수 있어요.

    5시 집으로 돌아와 집 안 정리를 하고, 숙제하고 책도 보며 엄마 아빠를 기다려요. 텔레비전도 보고 싶지만 조선이네 집에는 텔레비전이 없어요. 친구네 집에서 봤던 만화 영화는 끝내줬는데 말이에요.

북한 소학교의 방과 후 활동

북한의 학교 수업은 점심시간 전에 끝나요. 그렇다고 곧바로 집에 돌아가진 않는답니다. 점심을 먹고 다시 학교로 돌아와야 해요.

오후에는 다시 학교에 모여서 오전에 배운 내용을 복습해요. 이 시간에는 담임 선생님이 아이들이 배운 내용을 점검하고, 이해하지 못한 아이들이 있다면 다시 가르쳐 줘요. 공부를 잘하는 학생들이 공부를 못하는 학생들을 가르쳐 주기도 한답니다.

그리고 우리의 동아리 활동과 비슷한 소조 활동을 해요. 음악 소조, 미술 소조, 체육 소조, 수학 소조, 물리 소조 등이 있지요. 누구나 소조에 들어갈 수 있는 것은 아니에요. 그 분야에 특별한 재능이 있는 학생을 선생님이 추천하지요. 음악이나 체육 소조 활동이 가장 인기 있답니다. 남한의 어린이들과 비슷하죠?

수학 소조나 물리 소조에 들어가는 학생은 대개 공부를 잘해요. 소조 시간에는 수업 시간에 배우는 것보다 깊이 있고 어려운 내용들을 다루기 때문이에요.

학교에서의 활동이 모두 끝나면 학생들은 집으로 돌아가요.

"우리 숙제 끝내고 모여서 아바이 놀이(숨바꼭질) 할까?"

"나는 안 돼. 오늘은 어머니 일을 도와야 해."

북한 아이들 모두가 방과 후에 자유로운 것은 아니에요. 부모님을 도와 일을 해야 한답니다. 다행히 일이 없는 날에는 골목이나 공터, 학교 주변에 모여 함께 놀지요.

남자아이들은 진지 점령하기, 깃발 빼앗기, 진지 쳐들어가기 같은 군사 놀이를 많이 해요. 제기차기, 메깡치기(비석차기), 자치기, 깡통 던지기, 고무줄놀이, 무릎싸움(닭싸움) 같은 놀이도 즐겨 하지요.

북한에도 있는 입시 경쟁

북한에서는 소학교부터 시험을 중요하게 여겨서 시험 성적이 좋지 않은 학생들은 학년을 올라갈 수 없어요. 북한이나 우리나라나 좋은 학교에 들어가려면 입시 경쟁을 치르는 건 마찬가지랍니다.

그렇다면 북한 학생들도 사교육을 받을까요? 2000년대 이후 북한에서도 사교육이 생겨나기 시작했어요. 정부에서는 금지하고 있지만 학생들이 몰래 과외를 받는다고 해요.

영재 학교에 해당하는 제1 중학교나 명문 대학교에 들어가려면 치열한 입시 경쟁을 치러야 해요. 잘사는 집에서는 아이에게 개인 교사를 붙여

입시 과목인 수학, 과학, 외국어 등을 따로 공부시키지요.

또한 예체능과 관련된 중학교나 대학교도 인기가 많아서 피아노, 바이올린, 무용, 성악 등의 과외도 시켜요. 북한도 우리와 마찬가지로 제1 외국어가 영어예요. 영어가 세계 공용어이기 때문에 특히 강조하고 있지요.

북한은 경제적으로 어려움이 많아요. 그래서 학교 선생님들도 국가로부터 월급이나 생활에 필요한 물건들을 제대로 배급받지 못한다고 해요. 이렇게 생활이 어렵다 보니 어쩔 수 없이 몰래 개인 지도를 하기도 해요. 발각되면 엄한 처벌을 받지요.

북한 어린이날, 국제아동절과 소년절

북한에도 우리나라처럼 어린이날이 있어요. 하지만 우리와 날짜도 다르고, 공휴일도 아니랍니다. 북한의 어린이날은 6월 1일이에요. 6·1절은 국제아동절로, 학교에 들어가기 전 탁아소나 유치원에 다니는 아이들을 위한 어린이날이에요. 이날에는 어린이들을 위한 다양한 행사가 펼쳐져요. 운동회나 민속놀이가 펼쳐지고, 어린이들을 위한 선물도 주지요.

소학교 학생들을 위한 날은 6월 6일로 소년절이라고 불러요. 북한의 어

북한의 어린이날
북한의 어린이날은 우리나라처럼 공휴일은 아니지만 부모님들은 특별히 휴가를 내 자녀들과 함께 즐거운 시간을 보낸다고 해요.

조선 소년단
우리나라의 컵스카우트 같은 청소년 단체예요. 북한 어린이라면 모두 가입해야 한다고 해요. 흰색 윗옷과 빨간 머플러가 조선 소년단의 상징이에요.

린이 중 만 일곱 살부터 열세 살까지의 아이들은 대부분 조선 소년단 활동을 해요. 이 아이들은 빨간 삼각 넥타이를 하고 다니면서 토끼 기르기, 농촌 일 돕기, 자갈 모으기, 쇠붙이와 폐휴지 모으기 등 다양한 활동을 한답니다.

소년절이 되면 조선 소년단 아이들은 야영 훈련을 하거나 군인들이 하는 훈련과 비슷한 놀이를 해요. 또한 김일성, 김정일, 김정은의 유적지를 찾아 참배하기도 하지요. 우리나라의 어린이날 풍경과 사뭇 다른 모습이에요.

남과 북이 분단된 채 오랜 세월이 지나서인지 생활 모습이 서로 많이 다르지요? 하지만 걱정할 필요는 없어요. 남과 북의 어린이들이 친구가 되려는 노력을 꾸준히 하고 있거든요.

'어린이 어깨동무'라는 단체에서는 '콩우유 급식'을 마련해 보내고, '평양 어깨동무 어린이 병원'을 짓기도 했지요. 남한의 어린이들이 개성에 가서 북한 어린이들과 함께 평화의 나무를 심었고, 몇 년 전까지만 해도 금강산으로 수학여행을 가기도 했답니다.

　서로 친구가 되려는 노력을 꾸준히 펼친다면 나중에 통일이 된 뒤에 북한 친구들을 만나도 낯설지 않겠지요? 앞으로 남한 어린이들이 휴전선을 넘어서 고려의 수도였던 개성이나 우리나라에서 가장 높은 산인 백두산으로 수학여행을 가는 모습도 볼 수 있다면 좋겠어요.

나가는 글

역사의 주인공은
바로 우리예요!

학교에 가는 지우의 어깨가 축 쳐져 있네요. 오늘따라 가방이 무거워 보여요. 지우의 하루가 궁금해서 따라가 봅니다.

지우 학생, 아침밥은 먹었어요?
"국에 말아서 좀 먹었어요."
왜 이렇게 기운이 없어 보여요?
"아침에 엄마한테 시험 못 봤다고, 앞으로 뭐 될 거냐고 혼났어요."
앞으로 뭐가 되고 싶어요?
"돈 많이 벌어서 잘 먹고 잘살고 싶어요."
어떤 일을 하면 그렇게 할 수 있을까요?
"변호사, 의사, 교수 같은 전문직이요. 공무원이나 회사원이 되어도 성공하는 거래요."

공부하는 건 어때요?

"하기 싫어요. 다들 하니까 하긴 하는데, 열심히 해도 성적이 안 올라요."

그럼 어떻게 할 건데요?

"음, 별 수 없죠. 어떻게 되겠죠. 평생 엄마, 아빠랑 살죠 뭐. 헤헤헤."

오늘 하루는 어떻게 보낼 건가요?

"학교 끝나면 영어랑 피아노 학원 갔다가 밥 먹고 수학 학원 다녀오면 밤이에요. 숙제하고 자야죠."

그럼 언제 놀아요?

"학교에서 쉬는 시간이랑 점심시간에 잠깐씩 친구들이랑 수다 떨면서 놀아요. 학원 친구들이랑 뭐 사 먹기도 하고요. 놀 시간은 거의 없어요. 다들 학원 가느라 놀 친구도 없고요."

책은 읽나요?

"저학년 때는 많이 읽었는데 지금은 거의 안 읽어요. 재미있는 소설책이나 만화책은 가끔 봐요."

부모님과 대화는 자주 나누나요?

"엄마, 아빠는 늘 바쁘세요. 아침에 밥 먹을 때 잠깐 얼굴 보는 게 전부예요. 맨날 나만 보면 학원 갔냐, 숙제 다 했냐, 텔레비전 그만 보고 공부해라, 계속 게임하면 휴대 전화 없애 버린다, 그런 잔소리만 해요."

학교 끝나고 친구들이랑 같이 가는 지우를 다시 만났습니다. 아침보다는 얼굴 표정에서 생기가 느껴지네요.

오늘 학교생활은 어땠어요?

"맨날 똑같죠. 민기라는 애가 있어요. 우리 반 남자앤데요, 자꾸 놀리고 물건을 뺏어 가서 남자애들이랑 여자애들이랑 한판 붙었어요."

수업 시간은요?

"체육 시간에 피구를 했는데 재미있었어요. 사회 시간에는 독립운동에 대해 배웠어요."

독립운동에 대해 어떤 생각이 들었어요?

"옛날 사람들은 정말 대단하다는 생각이요. 나 같으면 못 할 것 같아요."

특별한 일은 없었나요?

"아, 구청에서 편지를 받았어요."

무슨 편지요?

"학교 정문 앞에 버스정류장이 있는데, 어른들이 쓰레기를 너무 많이 버려서 주워도 주워도 끝이 없었어요. 담배꽁초도 많았고요. 학급회의 시간에 어떻게 하면 학교 앞을 깨끗하게 할 수 있을까 이야기했어요. 감시 카메라를 설치해서 쓰레기 버리는 사람을 혼내 줘야 한다, 돌아가면서 매주 월요일 아침에 쓰레기를 줍자, 구청에 쓰레기통을 만들어 달라고 하자 등의 의견이 나왔어요. 한참 토론한 끝에 쓰레기를 버릴 생각이 들지 않도록 학교 앞을 텃밭으로 가꾸자고 결론을 내렸어요. 쓰레기통도 설치하고요."

그래서 어떻게 됐어요?

"선생님께서 이런 과정을 기록해서 남기자고 하셔서 우리 반 친구들이랑 버스정류장 쓰레기 사진도 찍고, 그 앞에서 쓰레기 버리지 말자고 홍보도 했어요. 구청장님께 편지도 쓰고, 구청 홈페이지에 글도 올리고, 텃밭 가꾸기도 시작했고요. 근데 구청장님한테 답장이 온 거예요. 선생님이 읽어 주셨는데 저희 편지를 잘 받았고, 쓰레기통은 곧 설치할 거고, 우리가 한 일을 지역 신문에 알리고 싶다며 학교로 저희를 만나러 오신대요. 정말 신기했어요."

어떤 점이 신기했나요?

"우리가 한 일이 세상을 변화시키고, 많은 사람이 관심을 갖기 시작한 거요."

옆에 있던 현수가 한마디 거듭니다.

"우리 선생님이 그랬어요. 우리가 역사를 쓴 거래요. 그러면서 역사 속 어린이들의 이야기도 들려주셨어요."

어떤 이야기요?

"옛날 어린이들도 우리처럼 공부도 하고 놀기도 했대요. 그리고 때에 따라 농사를 짓기도 하고, 전쟁에 끌려가기도 하고, 심지어 독립운동에도 참여했대요. 역사는 그냥 먼 옛날 어른들의 이야기라고 생각했는데, 알고 보니 그 역사 속에 우리 같은 아이들도 있었어요. 그 사람들의 이야기를 우리가 역사로 배우는 것처럼, 나중에는 지금 우리가 한 일이 역사책에 나올지도 몰라요. 으악! 지우야, 나 학원 갈 시간 다 됐어."

"빨리 가자. 아저씨, 안녕히 가세요."

현수가 지우를 재촉합니다. 아이들의 머리 위로 따뜻한 햇볕이 내리쬡니다. 미래에 대한 불안과 허구한 날 공부하라는 어른들의 등쌀에 매일 쳇바퀴 돌 듯 집과 학교, 학원을 오가는 아이들이지만, 그 작고 단단한 가슴 속에는 더 나은 세상을 만들어 갈 희망이 자라고 있습니다.

멀리서 들려오는 아이들의 맑은 웃음소리에 세상이 환히 밝아 옵니다.

찾아보기

ㄱ

가야 37, 41, 44
가자 지구 아이들 217
가토 기요마사 130
건국 준비 위원회 199
경국대전 103
경무대 237
경신학당 160
경연 98, 100, 102
경제 개발 5개년 계획 221
계백 47
고려 귀신 135
고부 152
골품제 50, 55, 56
공녀 86
공민왕 91
과거 105, 114
관창 47
광우병 247
교동초등학교 162
교련 234, 242
구도장원공 112
구석기 시대 22
국민 교육 헌장 242
국민학교 174, 202
국선 50
국제아동절 255
권절 116
귀족 33
근로 기준법 224, 226
기미가요 206

기황후 89, 90
김가진 183, 184
김구 182, 187
김성침 122
김유선 155
김유신 46
김의한 185
김일성 251, 256
김일성 장군의 노래 206
김자동 183, 195
김정은 256
김정일 251, 256
김홍도 〈서당도〉 137
김홍도 〈자리 짜기〉 140

ㄴ

노비 34
노태우 243, 246
《논어》 108

ㄷ

단종 97, 117
당나라 54, 57, 58
대과 106, 107
대성전 115
대성학교 169
대한민국 205
대한민국 임시 정부 184, 185, 189

대한민국 임시 정부 기념 사업회 195
도쿠가와 정부 131
《동명왕편》 105
동인 112
동학 151
동학 농민군 150, 154
〈똘이 장군〉 233, 234
두루봉 동굴 22

ㅁ

《맹자》 108
명나라 91, 127
명륜당 115
《명심보감》 108, 141
명통시 119
모내기 137
몽골 제국 85
무상 급식 249
무왕 30
미선이와 효순이 247
미천왕 27

ㅂ

박백환 155
박에스더 168
박연 119
박정희 240, 241, 243
박종철 245

반공 교육 233, 235
반구대 바위그림 17
반달 돌칼 19
방정환 157
배재학당 160, 161
베이비 붐 228
보릿고개 219
봉오동 전투 185
북원 91
빈공과 59
빗살무늬 토기 16

ㅅ

'사람이 곧 하늘' 152
사명대사 134
사육신 118
4·19 혁명 236, 238, 240
《삼강행실도》 75
삼국 시대 24, 33
삼년상 110
삼동 친목회 226
삼별초군 94
3·1 운동 173, 183, 184, 196
38도선 206, 209, 211
상노대도 10
상소문 99
상하이 182, 184
〈새 나라의 어린이〉 199, 202
생원 106

생육신 118
서당 78, 136, 137, 138, 147
서동 28, 30
서인 112
서학 151
선교사 160
선랑 64, 66
선릉 102
선화 공주 29
성균관 106, 114
성종 96, 97, 103
세속오계 52
세월호 249
세조 97, 118
세종 119, 123, 124
소과 105, 106
소녀상 181
소년병 209
소년절 255
소에시마 135
소조 252, 253
소풍 176, 232
소학교 250
손병희 157
송현이 36, 40
수렴청정 101
수산리 고분 벽화 33
수요 시위 181
숙종 124
순장 37, 43

스에키 토기 42
승경도 놀이 142, 148
식민지 172
신사임당 109, 110
신석기 시대 11, 12

ㅇ
《아희원람》 146
안창호 169, 182
애국가 207
어린이 어깨동무 256
《어린이》 157, 158
어린이날 158, 204, 255
여공 222, 223
여대남 126, 130
여운형 199, 204
연등회 65
염경애 76, 77
영랑호 52
영조 121
예종 96, 97
오산학교 169
5·16 군사 쿠데타 240
5·18 민주화 운동 243, 244
온달 31
온달산성 32
용담정 151
운동회 166, 232, 255
움집 13

6월 민주 항쟁 245, 246
6두품 56
원광법사 52
원나라 86, 91
원산학사 160
월산군 96, 97
유신 헌법 241
유엔군 209
육영공원 162
윤봉길 187
윤석중 202
윤선도 155
을불 25, 27
의거 187
의무 교육 202
이규보 105
이덕수 120, 121
이복룡 154
2부제 230
이산가족 찾기 방송 216
이승만 237
이승훈 169
이우근 209
이이 104, 109, 112
이한열 246
이혈 97
이화학당 160, 161, 167
이황 111, 112
인천 상륙 작전 209
일본군 '위안부' 179, 180
임신서기석 53

임진왜란 113, 126

ㅈ
자산군 96, 97
장안 57, 58
전곡리 23
전두환 243, 245, 246
《전시 생활》 213, 215
전쟁고아 216
전주성 153, 154
전태일 218, 226
전태일 동상 227
전한승 236, 237
점동이 167
접장 140
정동학당 160
정정화 185, 186
제국 대장 공주 89
조개껍데기 가면 13
조개무지 11
조광진 124
조선 민주주의 인민 공화국 205
조선 소년단 256
조선 신궁 176
《조선왕조실록》 100, 102
조혼 86
족장 18
주먹 도끼 23
중일 전쟁 188

진골 50, 55
진사 106
진성여왕 61
진주성 전투 126, 130
진평왕 29
진흥왕 50
집현전 117

ㅊ

채제공 124
책거리 143
천도교 157
천자문 144, 146
청동검 18, 19
청동기 시대 19
청산리 대첩 185
청일 전쟁 154
《초등 국어 교본》 203
촛불 집회 247
총검술 234
총화 251
최루백 74, 76
최북 125
최순강 74
최시형 156
최신동 150, 154
최제우 151
최치원 54, 58
최치원 기념관 62

충렬왕 86, 89
충칭 188, 190, 192

ㅋ

코 무덤 127

ㅌ

태조 왕건 65
태평양 전쟁 173, 192
토우 13
통신사 132
통일 신라 54

ㅍ

팔관회 64, 67, 70
패총 11
편두 44
평강 공주 31
평화시장 222, 226
포항 전투 209
피난 211, 213

ㅎ

하우스 보이 215
학도병 209
학세 138
한국광복군 192

《한글 첫걸음》 203
한명회 97
〈한복 입은 남자〉 134
한울님 156, 159
해외 입양 216
향교 78
허조 119, 120
혼분식 장려 운동 233
홍규 89
홍익인간 202
화랑도 47, 50, 52
황국 신민의 서사 174
황산벌 46
황소 59
훈장 138, 140
휴전선 207, 211
흥수 아이 22

참고 자료

김기흥, 《새롭게 쓴 한국고대사》, 역사비평사, 1998
김용선, 《고려묘지명집성》, 한림대학교출판부, 1997
김창현, 《키워드 한국사3》, 사계절, 2009
김태완, 《책문, 시대의 물음에 답하라》, 소나무, 2004
김태웅, 《우리 학생들이 나아가누나》, 서해문집, 2006
노성환, 《일본에 남은 임진왜란》, 제이엔씨, 2011
문재경, 〈초등 사회과에서 아동 생활사의 교재의 개발과 적용 방안〉, 한국교원대학교 교육대학원 석사학위논문, 2007
민병덕, 《옛날에도 일요일이 있었나요?》, 책이있는마을, 2003
서영대, 〈한국 선도의 역사적 흐름〉, 《선도문화》 제5집, 2008
신명호, 《조선 왕실의 의례와 생활, 궁중 문화》, 돌베개, 2002
신양재·권은주, 〈고려시대의 아동교육〉, 《아동교육연구》 제24권 제1호, 2004
역사문제연구소, 《동학농민전쟁사료총서-23권》, 경인문화사, 1996
이야기한국역사편집위원회, 《이야기 한국역사 13》, 풀빛출판사, 1997
이융조 외, 《우리의 선사문화 I》, 지식산업사, 2002
이융조 외, 《우리의 선사문화 III》, 지식산업, 2002
이진애, 〈고려시대 여성의 자녀교육〉, 한국교원대학교 대학원 석사학위논문, 2003
임세권, 《한국의 암각화》, 대원사, 1999
장혼/한용진·서범종 옮김, 《아희원람》, 한국학술정보, 2008
전국역사교사모임, 《살아있는 한국사 교과서1》, 휴머니스트, 2012
정구선, 《공녀》, 국학자료원, 2002
정동찬, 《살아있는 신화 바위그림》, 혜안, 1996
정창권, 《세상에 버릴 사람은 아무도 없다》, 문학동네, 2005
정창권, 《역사 속 장애인은 어떻게 살았을까》, 글항아리, 2011
조풍연, 《사진으로 보는 조선시대-생활과 풍속》, 서문당, 1987
지재희, 《나보다 남을 더 사랑한 사람들》, 자유문고, 2001
표정훈·KBS HD역사스페셜 제작팀, 《HD 역사스페셜 1》, 효형출판, 2006
한국교원대학교 역사교육과 교수진, 《아틀라스 한국사》, 사계절, 2004
한국역사연구회, 《개경의 생활사》, 휴머니스트, 2007
한국역사연구회, 《삼국시대 사람들은 어떻게 살았을까?》, 청년사, 1998
한국역사연구회 고대사분과, 《한국고대사산책》, 역사비평사, 1994
한국생활사박물관 편찬위원회, 《한국생활사박물관 1-선사생활관》, 사계절, 2002

한국생활사박물관 편찬위원회, 《한국생활사박물관 7-고려생활관1》, 사계절, 2002
한국생활사박물관 편찬위원회, 《한국생활사박물관 8-고려생활관2》, 사계절, 2003
황문숙, 《조선 시대 서당에 가다》, 가나출판사, 2008
김부식, 《삼국사기》
이곡, 〈절부 조씨전〉, 《동문선》
이규보, 《동국이상국집》
일연, 《삼국유사》
《고려사 열전》, 〈최루백〉, 제121권
《고려사 열전》, 〈이곡〉, 제109권
《고려사 열전》, 〈홍규〉, 제106권
《고려사절요》, 제1권, 태조 원년 11월
KBS 〈역사 스페셜〉
동학농민혁명 기념재단(위의환, 〈장흥동학농민혁명의 인물과 사건, 그리고 장소〉)

사진 자료

국립중앙박물관 13 조개껍데기 가면, 15 빗살무늬 토기, 19 팔주령, 23 찍개, 76 《오륜행실도》의 〈누백포호〉, 77 염경애 묘지석, 110~111 신사임당의 그림, 125 최북의 산수화, 136 〈서당도〉, 140 〈자리 짜기〉, 148 윤목

국립광주박물관 14 돌로 만든 그물추, 20 반달돌칼, 20 돌낫, 21 돌화살촉

국립경주박물관 17 반구대 바위그림, 19 비파형 동검, 53 임신서기석

국립공주박물관 43 일본 토기

국립김해박물관 21 청동검, 돌검, 28 가야의 장신구

오산리선사유적박물관 13 곰 모양 토우

전곡선사박물관 45 편두 복원 모습

부산대학교 박물관 45 예안리 편두

서울대학교 박물관 28 고구려 철제 무기와 농기구

충북대학교 박물관 22 흥수 아이의 뼈

서울대학교 규장각 103 《경국대전》, 146 《천자문》, 146 《아희원람》

국립가야문화재연구소 37 송현동 무덤, 복원한 송현이 모습

문화재청 52 금곡사지 원광법사 부도, 65 연등회

국가기록원 216 이산가족 찾기 방송, 232 혼분식 장려 운동

5·18 기념 재단 244 망월동 묘지, 아버지 영정을 든 아이(촬영자: 나경택)

연합뉴스 62 최치원 기념관, 73 인천 아시안게임 굴렁쇠 소녀, 181 수요 시위, 217 가자 지구 아이들, 249 세월호 희망의 종이배, 255 북한의 어린이날, 256 조선 소년단

한국정신대문제대책협의회 181 김복동 할머니

《조선 유적 유물 도감》 15 가락바퀴

《영원한 도시 서울 7080》 234 〈똘이 장군〉

김유선 118 의절사

배성호 193 김자동 선생님과 수송초등학교 아이들

* 이 책에 쓰인 자료는 정해진 절차에 따라 저작권자의 허락을 받아 사용하였습니다. 자료를 제공해 주신 분들께 감사드립니다.
* 저작권자를 찾지 못하여 게재 허락을 받지 못한 자료에 대해서는 확인되는 대로 저작권 상의를 하고 다음 쇄에 반영하겠습니다.

어린이들의 한국사

1판 1쇄 발행일 2015년 4월 15일
1판 9쇄 발행일 2022년 1월 24일

지은이 역사교육연구소
그린이 이경석

발행인 김학원
발행처 휴먼어린이
출판등록 제313-2006-000161호(2006년 7월 31일)
주소 (03991) 서울시 마포구 동교로23길 76(연남동)
전화 02-335-4422 **팩스** 02-334-3427
저자·독자 서비스 humanist@humanistbooks.com
홈페이지 www.humanistbooks.com
유튜브 youtube.com/user/humanistma **포스트** post.naver.com/hmcv
페이스북 facebook.com/hmcv2001 **인스타그램** @human_kids
편집주간 정미영 **편집** 윤홍 정은미 **디자인** 유주현 럼어소시에이션
용지 화인페이퍼 **인쇄** 삼조인쇄 **제본** 정민문화사

ⓒ 역사교육연구소, 2015

ISBN 978-89-6591-260-6 73910

- 이 책은 저작권법에 따라 보호받는 저작물이므로 무단 전재와 무단 복제를 금합니다.
- 이 책의 전부 또는 일부를 이용하려면 반드시 저작권자와 휴먼어린이 출판사의 동의를 받아야 합니다.
- **사용 연령 8세 이상** 종이에 베이거나 긁히지 않도록 조심하세요. 책 모서리가 날카로우니 던지거나 떨어뜨리지 마세요.

"어린이들이 역사 속으로 푹 빠져드는 재미를 느낄 수 있는 책!"

박물관은 살아 있다? 역사는 살아 있다! 아이들을 위한 아이들의 역사책. 땅속에 묻혀 있던 아이들의 역사를 파내는 선생님들의 정성스런 붓질. 이제 우리 아이들도 책 속의 역사가 아닌 삶 속의 역사를 갖게 되었다.
– 문길수 구리인창초등학교 교사

역사를 우리가 사는 이야기로 자연스럽게 받아들일 수 있도록 해 주는 책이다. 그 당시 어린이들의 생활사를 통해 역사에 접근하는 방식은 역사를 보는 또 다른 관점을 길러 준다. 역사를 의미 있게 가르치기 위해 고민하는 선생님들에게도 방향을 제시해 줄 책이다.
– 박영림 강원호반초등학교 교사

우리 역사 속 어린이들의 삶을 엮은 이야기라서 무척 새롭고 친근하다. 옆집 친구의 이야기를 듣는 듯 편안하게 읽히면서도 때로는 즐겁고 감동적이며, 때로는 가슴 아픈 역사의 장면 장면을 만날 수 있다.
– 백승춘 청주용담초등학교 교사

"역사는 승리자의 것"이라는 명제를 확 깨는 보기 드문 책이다. 실존했던 아이들의 삶을 통해 보는 역사는 우리 아이들에게 피부로 와 닿는 이야기로 다가올 것이다. 역사를 좀 더 재미있으면서도 알차게 가르치고자 고민하는 교사들에게도 소중한 선물이 될 것이다.
– 서지애 부천원미초등학교 교사

"역사를 잊은 민족에게 미래는 없다."는 말은 역사가 아이들의 삶 속에 함께한다는 것을 의미한다. 어른이 아닌 아이의 입장에서 과거의 역사를 들여다보고 현재와 대화하려는 《어린이들의 한국사》는 그런 면에서 추천하기에 충분한 자격이 있는 책이다.
– 안종호 남양주별내초등학교 교사

전쟁과 위인 중심의 역사책이 난무하는 상황에서 단비 같은 책을 만났다. 더 나은 역사 교육을 지향하는 교사들에게는 값진 자료가 되고, 자라나는 우리 아이들에게는 세상을 바르게 바라보도록 도와주는 길잡이가 될 책이다.
– 이윤미 이리백제초등학교 교사

가야 소녀 송현이, 고려 아이 순강이, 전쟁을 겪은 연필이 같은 역사 속 어린이들과의 만남을 통해 역사를 어렵지 않고 친숙하게 느끼도록 해 주는 책이다. 어린이들은 내가 바로 역사를 만들어 나가는 주인공임을 깨닫고, 어른들은 어린이들을 바라보는 따뜻한 시선을 배울 수 있다.

– 이미숙 서울원묵초등학교 교사

한국사 속의 어린이들의 이야기를 통해 아이들은 역사에 대해 친밀감을 느끼고 역사는 어려운 것이 아니라 우리가 살아가는 삶의 모습임을 자연스럽게 느낄 수 있다. 아이들에게 역사에 대한 흥미와 올바른 관점을 갖게 해 주고 싶은 선생님과 학부모님 들에게 추천한다.

– 이은영 의정부배영초등학교 교사

세상에서 가장 재미있는 이야기는 삶의 이야기이다. 《어린이들의 한국사》는 아이들의 삶에 대한 이야기로 역사를 풀어 가는 책이기에 재미있으면서도 교육적 의미가 크다. 역사라는 큰 바다를 자유롭게 헤엄치며 역사 여행의 주인공이 되고 싶은 어린이와 부모님께 추천한다.

– 임대호 무주구천초등학교 교사

"민주주의는 어른들의 문제가 아니랍니다." 책 속 한 문장이다. 이 책을 읽으면서 역사는 어른들만의 이야기가 아니며, 어린이들이 사는 이 시간과 공간이 역사의 현장이 될 수 있음을 새삼 깨달았다. 이 땅의 주인공으로 살고 싶은 어린이, 생생한 역사 자료를 통해 아이들과 교감하고 싶은 초등학교 선생님에게 추천한다.

– 최보람 청주청남초등학교 교사

어린이의 눈으로 본, 어린이가 주인공인, 어린이를 위한 역사책. 왕과 위인이 주인공인 역사책은 많이 읽어 보았지만 평범한 어린이가 주인공인 역사책은 처음 만났다. 이 책을 읽는 어린이들도 책 속 주인공들처럼 자기 역사의 주인공으로 당당하고 멋지게 성장하기를 바란다.

– 황승길 무주안성초등학교 교사